Maxime Blasco

Du même auteur

S'immoler à vingt ans. Une infirmière française en Afghanistan témoigne, avec Marie-José Brunel, Grasset, 2007.

Dorothée Olliéric

Vie et mort d'un soldat d'élite
Maxime Blasco

éditions du
ROCHER

Photos du cahier hors texte © Archives familailes – DR.

Éditions du Rocher
28 rue Comte Félix Gastaldi – BP 521 – 98015 Monaco

www.editionsdurocher.fr

ISBN : 978-2-268-10780-6
EAN epub : 9782268107905

À Maxime Blasco,

Et à la mémoire de tous les militaires français morts au Mali.

« La guerre, ce n'est pas l'acceptation du risque. Ce n'est pas l'acceptation du combat. C'est à certaines heures, pour le combattant, l'acceptation pure et simple de la mort. »

Antoine de Saint-Exupéry,
Pilote de guerre (1942).

Lettre à Maxime

Cher Maxime,

Jamais tu n'aurais imaginé un livre sur toi. Un livre qui raconte ta vie et ta mort. Tu étais un soldat presque comme les autres, mais avec ce supplément d'âme qui fait que tu es devenu un modèle pour bien des jeunes militaires, une icône pour tes camarades commandos et un exemple de bravoure pour les officiers français.

« Je ne suis pas un héros », c'est ce que tu m'as répété de nombreuses fois. Tu as fini par admettre que tu avais peut-être eu du courage, mais que tu n'étais pas le seul.

Tu t'es engagé à 25 ans, en août 2012, avec tes rêves de tireur d'élite, toi le jeune pâtissier de Varces, plutôt rebelle et rétif à toute forme d'autorité. Tu as bossé, passé les tests, les formations, les grades. Tu t'es imposé, tu as été encouragé, félicité, médaillé, jalousé sûrement aussi.

Tu as râlé, protesté, défié, mais tu as aussi exécuté les ordres, chassé les djihadistes, donné du sens à tes missions. Tu as fait la guerre, tu as tué des ennemis, protégé et secouru tes frères d'armes.

Tu as ri, blagué, écouté du hard-rock pendant les opex.

Tu as peut-être eu peur, peut-être même pleuré, parfois, à la mort de tes camarades tombés au combat.

Tu as aimé ton métier, passionnément…

Mais tu es mort le 24 septembre 2021 au Mali, l'œil dans le viseur face à ce combattant qui, ce jour-là, a été plus fort que toi.

J'ai eu la chance de te connaître et c'est pour cela que j'ai accepté d'écrire ton histoire. Dans ces pages, je vais raconter le soldat que tu étais, mais aussi l'enfant et l'adolescent. J'ai rencontré ta famille, Alexandra ta compagne, Ethan ton fils, Jean-Marc et Véronique tes parents, Géraldine et Justine tes sœurs. Ils parlent merveilleusement de toi. Ils m'ont confié des souvenirs précieux, une part de ton intimité qui me permet aujourd'hui d'évoquer tout ce qui te caractérisait.

Max et Alexis, tes deux meilleurs copains du groupement commando montagne, je les ai revus aussi pour qu'ils te racontent, alors que tu n'étais plus là. C'était poignant de voir combien ils sont solides et meurtris à la fois. Mais c'était exaltant, toutes vos histoires sur le terrain. Dans ce livre, il va y avoir, à l'image de ta vie, de l'action, de l'aventure et de l'adrénaline… Le Grand Max, comme tu l'appelais parce qu'il te dépassait de plus d'une tête, m'a donné des photos de vous, Alex aussi. Elles sont superbes. J'en mettrai dans ce livre parce qu'il faut que ceux qui ne te connaissent pas, mettent des visages sur tes proches et sur ton quotidien.

Tu as sauvé tes camarades, Kevin le chef de bord et Adrien le pilote, quand votre hélicoptère Gazelle s'est crashé au Mali. Tu n'imaginais pas t'en tirer seul, sans les ramener vivants avec toi. Le sauvetage est digne d'un film d'action, d'un sacré film de guerre. Quand tu m'as raconté la scène, un an après, tu en souriais encore… Tu me disais : « Ça aurait dû être la fin de ma courte vie sur cette terre. »

Ta famille et tes amis t'aimaient… Tes chefs te respectaient, je les ai rencontrés également. Tu leur manques à tous… immensément ! Tu laisses derrière toi un grand vide.

Tu es le 52ᵉ militaire français tombé pour la France au Mali. Après toi, c'est un jeune brigadier de 24 ans qui a trouvé la mort en janvier 2022. Alexandre Martin, du 54ᵉ régiment d'artillerie de Hyères, est mort après des tirs de mortiers sur la base de Gao.

Que sait-on de tout ce sang versé sur le sable du Mali ? Pas grand-chose… Juste des portraits sur fond de drapeau tricolore, diffusés quelques heures après le drame, quand la « bulle de silence » est levée, quand les proches ont appris la nouvelle… Les Français découvrent alors, sur les chaînes de télévision ou sur les réseaux sociaux, les visages de jeunes soldats de vingt et quelques années ou parfois comme pour toi, Maxime, celui d'un tireur d'élite de 34 ans.

Mais derrière cette ultime photo, prise au régiment avant le départ en opex, il y a tant à dire, à raconter et à écrire.

Je le fais pour toi, Maxime Blasco. Et pour tous les autres, dont le souvenir s'efface déjà.

La situation au Mali

Le caporal-chef Maxime Blasco est allé six fois en opération extérieure au Mali, en opex comme disent les militaires, et comme je vais l'écrire dans ce livre. Il a vu la mission évoluer. Il a connu des opex plus compliquées que d'autres, des moments dangereux, face à l'ennemi djihadiste, des missions plus tranquilles où la routine s'installe, mais où la guerre n'est jamais bien loin.

Le Mali est indépendant depuis 1960. Dans les années qui suivent, la vie est plutôt douce à Bamako et les touristes partent découvrir le Pays Dogon, prennent des pirogues colorées à Mopti, sillonnent le désert, escaladent de splendides canyons. Les tour-opérateurs proposent des randonnées plus extraordinaires les unes que les autres.

Mais en 2012, une série d'attaques islamistes vient tout chambouler. L'objectif des rebelles, alliés avec des islamistes proches d'Al-Qaïda au Maghreb islamique (Aqmi), est de renverser le président Amadou Toumani Touré. Ils veulent l'indépendance de l'Azawad, la zone désertique au nord du Mali. Ils prennent le contrôle de Kidal, Gao et Tombouctou.

Pour enrayer la progression des djihadistes qui commencent à descendre vers Bamako, le président malien fait appel à la France. Le président François Hollande sollicite l'accord de l'ONU pour organiser une intervention militaire au Mali. Elle est lancée le 11 janvier 2013. Paris déploie jusqu'à 5 000 hommes et, dès la fin de janvier, reprend Gao au nord-est du pays, puis entre dans Tombouctou sans combattre, à 400 kilomètres à l'ouest de la ville, et s'empare de l'aéroport de Kidal au nord.

Le 2 février 2013, François Hollande est accueilli à Tombouctou en libérateur.

Une mission de l'ONU avec une force panafricaine est ensuite montée, qui s'appelle la Minusma. Elle doit prendre le relais. Mais l'opération Serval devient l'opération Barkhane le 1er août 2014. Les Français s'installent dans la durée car les groupes islamistes menacent toujours le pays et la région.

Maxime Blasco n'a pas participé dès le commencement à l'intervention française au Mali. Comme disent les militaires, il n'a pas « fait Serval », mais « fait six Barkhane ».

L'opération a pris beaucoup d'ampleur, elle dépasse les frontières du Mali pour lutter dans la région contre le terrorisme. Elle s'étend sur cinq pays au Sahel : le Mali, le Niger, le Burkina Faso, la Mauritanie et le Tchad. Un an après le début de Serval, les effectifs de soldats français engagés étaient passés de 2 500 à 5 000 mais, quelques années plus tard, on n'en comptera que 5 100. La tâche est immense.

En juin 2015, l'accord de paix d'Alger est signé entre le gouvernement malien et l'ex-rébellion touareg. Mais sa mise en œuvre demeure compliquée. Les violences se propagent vers le sud-est et touchent désormais le Burkina Faso et le Niger.

Les attaques contre la force française et ses alliés du Sahel se multiplient. Les lieux fréquentés par les étrangers sont visés. Les militaires français ratissent le désert pour traquer les djihadistes qui se fédèrent, à partir de mars 2017, en un Groupe de soutien à l'islam et aux musulmans (GSIM).

En juin 2019, Maxime Blasco qui est en opération avec deux pilotes à bord d'un hélicoptère Gazelle, dans la zone des trois frontières entre le Mali, le Niger et le Burkina, est ciblé par un tir de mitrailleuse. L'hélicoptère français est touché, il se crashe à proximité de la zone de combats. Maxime et ses camarades sont blessés, mais survivent. Fin 2019, treize soldats français sont tués dans la collision accidentelle de deux hélicoptères.

En parallèle des groupes liés à Al-Qaida, la branche de Daech au Sahel devient l'ennemi numéro 1. Le groupe État islamique au grand Sahara (EIGS) lance des attaques d'ampleur contre des bases militaires au Mali et au Niger.

Début juin 2020, le chef d'Aqmi, l'Algérien Abdelmalek Droukdel, est tué par des soldats de Barkhane et, quelques semaines plus tard, les Français affirment avoir abattu Bah ag Moussa, le chef militaire du GSIM.

Des succès militaires qui ne suffisent pas à éradiquer la présence djihadiste dans la région.

En août, l'État islamique au grand Sahara tue six humanitaires français au Niger. Le chef de l'EIGS, Adnan Abou Walid al-Sahraoui, est à son tour éliminé par les forces françaises. « Il s'agit d'un nouveau succès majeur dans le combat que nous menons contre les groupes terroristes au Sahel », se félicite le chef de l'État, Emmanuel Macron.

Le 18 août 2020, le président malien Ibrahim Boubacar Keïta, élu en 2013, est renversé par un coup d'État. Les relations entre Paris et Bamako se dégradent après un nouveau putsch, le 24 mai 2021. La junte militaire prend le pouvoir et ne cache pas son hostilité envers les opérations menées par la force Barkhane.

Moins d'un mois plus tard, le président français annonce le départ progressif des 5 000 soldats de Barkhane, en précisant qu'un contingent de près de 2 500 hommes est maintenu sur place.

Le Premier ministre malien accuse la France d'abandon et justifie sa recherche de nouveaux partenaires pour lutter contre les djihadistes.

La ministre des Armées, Florence Parly, dément tout abandon : « Il n'y a pas de désengagement français [...]. Quand on a 5 000 soldats et qu'on se désengage de trois emprises, et qu'on a l'intention d'en laisser encore plusieurs milliers, lorsqu'on déploie au Sahel des blindés dernier cri, ce n'est pas l'attitude normale d'un pays qui a l'intention de s'en aller », justifie-t-elle.

Sur le terrain, les militaires français poursuivent les opérations antiterroristes. Fini le quadrillage d'immenses territoires, les Français vont au contact de l'ennemi dans la zone des trois frontières. Maxime Blasco participe à plusieurs de ces opérations, au sol ou depuis un hélicoptère, au poste de tireur d'élite. Les affrontements sont de plus en plus fréquents. Le terrain devient très dangereux.

Fin décembre 2021, Paris dénonce, avec ses alliés, un début de déploiement du groupe paramilitaire russe Wagner au Mali. Ce groupe est connu depuis 2014 pour son implication dans le conflit en Ukraine, puis son intervention en Syrie un an plus tard, dans le sillage de l'armée russe. Wagner aurait également perpétré des atrocités en Centrafrique. Des

ONG dénoncent des exécutions sommaires, des massacres de civils...

Rien ne va plus entre le Mali et la France. Barkhane est dans la ligne de mire de la junte au pouvoir. Même chose pour la force Takuba, basée à Ménaka, qui rassemble des militaires des forces spéciales de plusieurs pays européens. Takuba, c'était l'avenir de la force Barkhane. Une lutte contre les islamistes avec les forces maliennes en première ligne, encadrées par des soldats d'élites.

Mais le 31 janvier, le Mali décide d'expulser l'ambassadeur de France.

Les politiques le reconnaissent à demi-mot : pour la France, c'est une humiliation.

La France réfléchit à l'avenir de son déploiement au Mali.

Le 14 février 2022, le chef de la diplomatie française, Jean-Yves Le Drian, estime qu'un millier de mercenaires de Wagner se trouvent désormais au Mali. Il réaffirme que les conditions ne sont « plus réunies » pour la poursuite de la mission Barkhane dans ce pays.

La France décide donc de mettre fin à ses opérations militaires au Mali, après neuf ans de présence. Mais le président Emmanuel Macron assure que les militaires français continueront à traquer les groupes armés terroristes au Sahel, avec ses partenaires européens et africains.

La junte malienne exige un départ rapide des forces françaises. Pour les militaires toujours engagés sur le terrain, l'heure est à la fermeture de toutes les emprises. Après Kidal, Tessalit et Tombouctou, ce sont les bases de Gossi, Ménaka et Gao qui sont en train de plier bagage. Mais pas question de céder à l'injonction malienne, Paris prendra le temps qu'il faudra pour désengager le matériel et les hommes en toute sécurité.

Quatre mois peut-être pour tirer un trait sur une longue présence militaire, avec des succès tactiques, des chefs djihadistes éliminés, des centaines de combattants tués, des tonnes d'armes saisies.

Mais le départ a un goût amer. Cinquante-trois militaires français sont morts au Mali, dont Maxime Blasco.

Tombé pour la France

Sur la terre ocre de la plateforme opérationnelle de Gao, ils marchent en silence. Les traits tirés. Leur peine est immense, mais il y a un temps pour pleurer, un autre pour relever la tête. Ils ont roulé leurs manches, ils avancent les poings légèrement serrés, la cagoule remontée juste au-dessus du nez. Le regard est dur et doux à la fois. Des guerriers à qui on a enlevé l'un des leurs. Des frères d'armes qui ont vu leur ami tomber, celui qu'ils croyaient immortel.

Les commandos montagne ne sont pas du genre à s'épancher. Mais pour rendre hommage à Maxime Blasco, cinq d'entre eux ont accepté de me confier leurs émotions, quelques jours après la mort au combat de leur camarade.

CAPORAL-CHEF ALEX. — Max est mort les armes à la main, le terroriste dans le viseur, en combattant avec ses amis à côté, à sa gauche et à sa droite. Il est mort comme il a vécu, en guerrier, en héros.

CAPORAL-CHEF PAULO. — C'est la personne la plus humble que j'aie jamais rencontrée, et aussi la personne la plus engagée dans son boulot. Il y a deux ans, il s'est crashé en hélicoptère au Mali et a sauvé les deux pilotes. Qu'il le veuille ou non, de son vivant c'était déjà un héros. Quand on le lui disait, il avait l'humilité de rire de cela. Maintenant qu'il est mort au combat, on peut dire de Max que dans la vie, comme dans la mort, c'était, c'est et ce sera un héros. Et c'est très touchant de voir l'émotion de la France.

SERGENT GÉGÉ. — Max n'aurait pas aimé nous voir baisser les bras. Il n'aurait pas aimé nous voir pleurer. Il voulait des mecs forts. On tient pour lui… parce qu'on entend sa voix et son rire. Aujourd'hui, ça nous donne de la force. Max, c'est mon binôme. Au quotidien, c'est quelqu'un d'attentionné, qui prend soin des autres, qui va vous voir tous les jours pour vous demander si ça va. Il vous fait rire, il vous fait sourire. C'est un mec qui ne baisse jamais les bras. Un mec en or. Un ami. Un peu notre mascotte. Un frère d'armes.

SERGENT MARIO. — À chaque fois qu'on le croise, en France, ou ici en opérations extérieures, Max c'est la positive attitude. Il sourit, il rigole, il a toujours une anecdote. Le matin, en mission, on se lève, parfois on n'est pas au top. Lui est toujours positif. Il a une personnalité incroyable.

Pas facile pour les commandos de parler de Maxime Blasco au passé. L'émotion est là, dans les regards pudiques, les fronts plissés. Ils sont assis, les uns contre les autres. Des gars costauds, le buste droit. La tête haute. Le courage en bandoulière, toujours.

Je retrouverai, quelques mois après cet échange, deux des meilleurs amis de Maxime, le caporal-chef Alex et celui que tous appellent « le Grand Max ». Pour l'heure, les commandos montagne vont finir leur opex au Mali, sans Max.

On se verra au 7e BCA à Varces. Ils ont promis de tout me raconter : la vie et la mort de Max. Ils ont tenu parole. Mais l'heure est encore aux hommages, aux cérémonies.

CAPORAL-CHEF ALEX. — Je pense que Max était trop humble pour le dire, mais il aurait aimé qu'on fasse cette cérémonie aux Invalides pour lui. Si on ne la fait pas pour Max, alors on ne la fait pour personne. Je pense que c'est vraiment important de faire cet hommage-là aux Invalides. Avec le président de la République, avec tous ses frères d'armes, avec ses proches… Nous, ici, à Gao, on a essayé de lui rendre le plus bel hommage possible ; je pense qu'il serait fier de nous. À eux maintenant de l'honorer en France, de la plus belle des façons.

CAPORAL-CHEF PAULO. — On ressent de la fierté plus qu'autre chose. On préfère largement penser à notre ami et au soldat qu'il était quand on marchait à ses côtés. Pour les jeunes, comme moi, qui sont arrivés il y a peu au GCM (groupement commando montagne), c'était une immense fierté de combattre à ses côtés. On ne peut pas faire mieux. On ne peut pas avoir un meilleur exemple. Maintenant qu'il est parti, on aura toujours ce souvenir de lui et, quoi qu'il arrive, on sera encore plus forts.

SERGENT GÉGÉ. — Moi j'ajouterais juste une chose à tout ce qui a été dit. Max était un modèle pour tout le monde. Il avait beaucoup à donner aux autres et nous, on apprenait énormément de lui. Et je pense que tout militaire à l'heure actuelle voit en Max un guide. Il est l'exemple du militaire et du soldat parfait.

CAPORAL-CHEF ALEX. — Après la mort d'un camarade, on n'a aucun doute sur notre métier. On est conscients des risques et de ce que notre choix de carrière implique. Mais on connaît notre boulot et on y va… On fait du mieux qu'on peut, comme lui a fait ! De toute façon, il n'aurait pas aimé qu'on arrête tout. Mais on est conscients des risques…

CAPORAL-CHEF PAULO. — Dans ces cas-là, on a de l'émotion quoi qu'il arrive, mais on a envie d'y retourner. Mais toujours dans la lucidité. Le but, c'est de continuer à faire le boulot et on sait très bien qu'on l'aura bien plus fait en vivant, qu'en le rejoignant maintenant. Ce temps viendra de toute manière. Pour l'instant, il faut qu'on continue la mission… qu'on lui montre qu'on est toujours avec lui. Et être sur le terrain, rester sur le terrain, c'est lui montrer symboliquement qu'on est encore avec lui, et qu'on va continuer de l'appuyer, même dans la mort…

SERGENT MAX. — Une dernière chose : j'ai une grosse pensée pour ses parents, nous sommes de tout cœur avec eux et s'ils le désirent, en rentrant, on sera là pour eux.

Jean-Marc et Véronique Blasco, les parents de Maxime, je les ai rencontrés la veille de la cérémonie d'hommage aux Invalides. J'avais fait passer un message via la CABAT (Cellule d'aide aux blessés de l'Armée de terre) pour savoir s'ils souhaitaient s'exprimer face à la caméra de France Télévisions. Une démarche délicate. Je ne voulais pas insister, bien sûr. J'ai laissé l'officier transmettre ma demande.

Ils ont accepté, parce que je connaissais leur fils. Ils ont dit non aux autres journalistes.

Ils venaient d'arriver, éperdus de douleur, au Cercle des armées où ils allaient passer la nuit avant l'hommage du lendemain. Je les ai attendus avec l'officier de la CABAT, le cœur serré. Il est difficile de recueillir le témoignage d'un couple qui a perdu un fils, mais d'expérience je sais que ces mots resteront, toucheront bien des familles françaises. À travers ce témoignage, Maxime existera aux yeux de ceux qui découvriront son histoire, son engagement. Il ne sera pas juste une photo sur un drapeau bleu, blanc, rouge.

Je serre avec douceur la main de ses parents. Difficile de trouver les mots. Je leur dis que Maxime, c'était une belle rencontre, qu'il était lumineux, charismatique. Que je suis heureuse de l'avoir connu.

Les yeux cernés de fatigue et de malheur, Jean-Marc me dit qu'ils ont accepté de me voir parce que Maxime leur avait parlé de moi. J'avais fait l'année précédente un documentaire où je racontais le crash au Mali de l'hélicoptère où il était embarqué comme tireur d'élite et le sauvetage héroïque de ses camarades.

« Il ne supportait qu'on lui dise qu'il était courageux ou que c'était un héros. Une fois il m'a dit : “Je ne suis pas un héros, papa”, en faisant référence au crash. Je lui ai répondu : “Mon fils, tu peux dire que tu en es un, que tu le veuilles ou non !” Alors, il a conclu la conversation en disant : “Si ça t'arrange de croire cela !” Mais il disait : “J'ai fait mon métier, j'ai sauvé mes frères et de toute façon, soit on rentrait tous les trois, soit on y restait tous les trois. Jamais je ne les aurais abandonnés pour sauver seul ma peau !” »

Véronique, une toute petite femme, frêle et profondément meurtrie, me dit qu'elle n'arrivera pas à parler face à la caméra, que c'est trop dur. Je lui assure que je l'aiderai.

« J'ai besoin de rencontrer ses amis commandos qui étaient avec lui jusqu'à la fin, j'en ai vraiment besoin, terriblement besoin. J'attendrai leur retour du Mali, mais je veux savoir comment se sont passés les derniers jours de mon fils. Je veux discuter avec eux. Au début, quand Maxime parlait de ses frères d'armes et de sa deuxième famille, je lui disais : "Mais non, ta famille c'est nous !" Et puis après j'ai vu, j'ai compris. Et je sais qu'il avait des relations très fortes avec certains, ils étaient très soudés. J'ai besoin qu'ils me parlent de mon fils, j'en ai envie, beaucoup... dit-elle en pleurant. Mon fils était plein d'amour... C'était mon petit, mon enfant ! »

Assis, serrés l'un contre l'autre sur un canapé, c'est un père et une mère qui racontent un fils, parti bien trop jeune. À 34 ans. « Ce n'est pas dans l'ordre des choses », me dit le papa.

« Je pense aux parents de militaires qui, avant nous, ont perdu leurs enfants. On voit ça à la télé, mais le jour où ça vous arrive de perdre votre fils, soldat, on change d'orbite. C'est quelque chose d'inexplicable. Une douleur immense. »

Des sanglots, des larmes ponctuent notre entretien. Quelques sourires aussi, quand sa maman raconte le sale caractère de son fils, parfois. Comme ils aimeraient l'entendre râler encore une fois, l'entendre rire aussi.

« Maxime était sanguin, il nous en a fait voir de toutes les couleurs quand il était tout jeune. Il était taiseux, pudique, mais on se comprenait sans se parler et il savait que j'étais fière de lui, même si je ne voulais pas qu'il rentre dans l'armée, j'avais si peur ! »

Le papa a essayé de dissuader son fils, alors pâtissier, quand à 22 ans il informe ses parents qu'il veut devenir militaire, et tireur d'élite. Que c'était sa passion, sa vocation.

« Je ne voulais pas qu'il devienne militaire parce que j'ai un grand-père – que je n'ai pas eu la chance de connaître – qui est mort des suites de 14-18 dans des souffrances atroces. J'ai aussi un père qui a fait la Deuxième Guerre mondiale. Et mon oncle était dans les chasseurs alpins en 39-45, puis a fait la guerre d'Indochine ; il m'a raconté ce qu'était vraiment la guerre, avec toutes ses horreurs. Mais Maxime a dit : "Je suis majeur, je fais ce que je veux." On ne pouvait pas aller à l'encontre de son choix de carrière, alors on l'a accompagné et soutenu », reconnaît-il les yeux rougis.

Pour la famille, l'hommage qui s'annonce est une terrible épreuve, mais ils affirment être très bien entourés par l'armée. Je les reverrai dans quelques mois, quand ils auront, je l'espère, entamé cette longue phase de deuil.

Ils ont vu et revu le documentaire que j'ai réalisé. Ils ont, me disent-ils, découvert des facettes de leur enfant qu'ils ne connaissaient pas. Ils me remercient, et moi je les serre dans mes bras et les embrasse quand ils repartent avec leur douleur.

Le jour où j'ai rencontré Maxime

Le crash de l'hélicoptère Gazelle en juin 2019 au Mali a été peu médiatisé, et pour cause. Un appareil abattu par l'ennemi, c'est un échec pour l'armée française, et la communication se fait *a minima*.

Mais un confrère de RFI, Olivier Fourt, a recueilli des informations sur ce crash et le sauvetage incroyable réalisé par un hélicoptère d'attaque Tigre en pleine zone de combat. Il m'a fallu des mois pour convaincre l'état-major des armées de me laisser faire un documentaire sur cette histoire.

J'avais le soutien du capitaine Dominique Marceau, l'officier de communication de l'ALAT (Aviation légère de l'Armée de terre). Dès le départ, il avait compris que le sauvetage était tellement exceptionnel que, en dépit du crash et donc de l'échec de la mission, il fallait communiquer et donner à connaître tous les détails de cette opération. Je voulais les images filmées par le drone, par l'ATL2, l'avion de renseignement de la Marine, et par les capteurs du Tigre. Je voulais aussi les échanges audio entre les aéronefs. Tout était classé « secret Défense ». Il fallait aussi que l'EMA Com (Communication de l'état-major des armées) m'autorise à rencontrer tous les protagonistes de l'histoire.

Un an après le crash, du côté du ministère des Armées, les feux sont passés au vert et j'ai réalisé avec Vincent Fichmann ce documentaire pour *13 h 15, le samedi*, le magazine de Laurent Delahousse et Jean-Michel Carpentier.

Dans l'histoire que je vais vous raconter, le héros, c'est Max. Les pilotes du Tigre également, bien sûr… Le problème, c'est que Max déteste jouer les héros et il me le fait savoir avant même notre première rencontre. Il ne veut pas tirer la couverture à lui et s'il accepte, c'est parce que sa hiérarchie le lui demande. Mais il met une condition : que tous les protagonistes de ce crash et de ce sauvetage soient interviewés. *Tous pour un, un pour tous.* C'était Maxime.

Je vais évidemment tous les rencontrer, ces militaires « qui ont juste fait leur boulot ! » Ils vont revivre pour moi, minute par minute, cette « Nuit d'enfer » au Mali.

Le dernier que je rencontre à Annecy, en pleine préparation avant un nouveau départ en opex, c'est Max. Un an après le crash, il repart au Mali. Il arrive, un peu froid, distant. Je découvre un jeune homme costaud, petit, beau garçon. Je me dis qu'il va falloir l'apprivoiser un peu avant de lui mettre la caméra sous le nez.

Nous discutons, je lui raconte les terrains de guerre où je suis allée. Je veux qu'il soit en confiance. Les conflits, je connais. Les obus qui tombent et les balles qui sifflent, aussi. La glace est rompue assez vite, et là, je découvre un soldat aux yeux rieurs, à l'humour à fleur de peau. Certes, les journalistes ce n'est pas trop son truc, il est plutôt du genre méfiant, Max. Je lui dis que mon frère aîné était pilote de chasse, et qu'il était comme lui, à fuir les journalistes… Ça le fait rire !

Nous allons ensuite nous entretenir longuement. Il est face à trois caméras parce que le format du *13 h 15*, c'est toujours des interviews avec trois axes, de l'éclairage, un cadre très esthétique. Il est un peu impressionné, mais je lui dis de me regarder, de s'adresser à moi et d'oublier le reste. Et il va raconter le crash, la peur de mourir, le sauvetage. Il va donner beaucoup de lui, oublier un peu sa pudeur.

Le crash de la Gazelle

Maxime s'installe face à nos caméras. Il souhaite préserver son identité et demande à cacher une partie de son visage avec un tour de cou qu'il remonte jusqu'au nez. Un buff, comme ils disent dans le jargon militaire. Une précaution pour deux raisons : ne pas être identifié par les ennemis qu'il affronte au Mali, mais aussi ne pas se mettre en avant.

Max n'est pas tout à fait à l'aise pour cet entretien car il sait qu'il va devoir parler de lui, se découvrir. Vincent Fichmann, qui va filmer, essaye de le détendre en faisant quelques blagues, et moi, je lui demande s'il veut voir le cadre de l'interview.

« Non, pas du tout, je ne suis pas très beau à regarder », me répond celui qui a pourtant de jolis traits, des yeux noisette, de longs cils et d'épais cheveux bruns. La barbe est cachée par le buff. Maxime est en treillis, intimidé mais posé. Prêt à raconter cette mission au Mali, digne d'un scénario d'Hollywood.

Ce jour de juin 2019 au Mali, tu n'étais pas à Gao mais sur la base de Ménaka. Comment se déroulaient tes journées ?

Sur Ménaka, c'est particulier parce que je suis détaché, je ne suis pas avec le reste de mon groupe. Je suis en permanence avec l'équipage de l'hélicoptère Gazelle : Kevin, le chef de bord, et Adrien, le pilote. On vit en vase clos et on s'occupe en faisant du sport, en se reposant quand on peut et en regardant pas mal de films et de séries. Parfois, le temps est un peu long, mais ces moments d'attente, ça fait partie du boulot. Il faut par contre rester en permanence sur le qui-vive pour être prêts à partir. Quand on reçoit une alerte pour un départ immédiat en mission, là on monte un peu dans les tours, sinon on reste calmes. Entre deux opérations, il faut savoir décrocher.

Qu'est-ce que tu fais exactement sur le terrain ?

À la base, je suis tireur d'élite, mais j'ai passé une formation complémentaire ; donc, je peux me retrouver aussi au sol avec mes camarades des commandos montagne, pour des opérations de combats. À certains moments, j'ai une mission de sniper, je dois neutraliser l'ennemi à longue distance. Quand je suis avec un équipage embarqué sur un hélicoptère Gazelle, je suis à l'arrière et je fournis un appui pour faire feu depuis les airs.

Comment a commencé cette journée du 19 juin ?

Avant de se coucher, on savait que ça sentait mauvais, que les camarades étaient déjà au sol, engagés depuis plusieurs heures dans des combats de proximité, très intensifs. J'avais préparé mes affaires, car je me suis dit, c'est sûr et certain, je vais finir par y aller. Je vais devoir les renforcer.

À quoi ressemble ta petite nuit avant d'être engagé dans ces combats ?

C'était une nuit à la belle étoile. Il faisait très chaud, je suis sorti de la tente. J'avais l'esprit qui vagabondait, j'essayais de faire le point. Je me sentais frustré de ne pas encore être engagé dans les opérations. Mes camarades commandos se battaient depuis des heures et je voyais les hélicoptères d'attaque faire des allers-retours entre la zone d'opération et Ménaka, qui était la base arrière pour les aéronefs. Je me raisonnais en me disant qu'on ne pouvait pas être partout, mais je voulais me sentir utile. Pour me détendre, j'ai écouté de la musique et j'ai essayé de dormir, mais avec les mouvements d'hélicos, ce n'était pas facile. J'avais eu quelques missions éprouvantes peu de temps avant, donc j'ai fini par dormir un peu. Et c'est important, parce qu'il faut toutes ses capacités, il faut être prêt!

Quand tu es déclenché, qu'est-ce qu'il se passe ?

C'est le chef de bord de la Gazelle qui est venu me réveiller en annonçant qu'on allait décoller pour appuyer les amis. À ce moment-là, l'ambiance est à la concentration. On va le plus vite possible car on sait que, sur le terrain, ils sont dans une situation délicate. On n'est plus à la rigolade. On est vite concentrés. Le jour se lève tout juste. Je m'installe dans la machine et, encore plus que d'habitude, je vérifie tout. Je m'attache à l'arrière et je fais un dernier check global. J'ai mon fusil semi-automatique de précision avec un viseur classique. Ce n'est pas une mission de tireur d'élite, je suis là pour des tirs d'appui au combat.

Vous arrivez sur zone, qu'est-ce que vous voyez avec Kevin et Adrien ?

En arrivant sur zone, on voit qu'il y a beaucoup de combats au sol et j'aperçois mes camarades. Et là, je me dis qu'ils n'ont pas chômé. Ils ont dû avoir une nuit très difficile. Il y a encore beaucoup d'accrochages, et ça avait commencé la veille en début de soirée pour eux. Ça avait été une nuit d'enfer. Et là, ça tire encore. J'arrivais juste avec l'envie de participer et d'être le plus efficace possible. Je ne me pose pas de questions, je suis totalement focalisé sur mon travail.

Tu dois viser un objectif en particulier ?

On avait repéré que l'ennemi s'était réarticulé et que les hélicoptères d'attaque Tigre effectuaient des tirs. Donc, on se positionne à plus basse altitude pour aller neutraliser nos ennemis, pour éviter qu'ils ne préparent une embuscade. Notre objectif, c'est de « traiter et neutraliser les personnels armés », comme on dit. En clair, tuer les ennemis retranchés parce qu'ils attaquaient les forces françaises depuis près de douze heures.

Allez-vous au contact de cet ennemi ?

Notre façon de procéder est particulière. Nous sommes dans un petit hélicoptère d'ancienne génération qui est très mobile, discret, et peut se faufiler derrière la végétation, à quelques mètres du sol. Le Tigre tire depuis une altitude élevée. Nous, on fait un combat de proximité.

Vous approchez, vous faites une première « passe de tir » ? Décris-moi la scène à ce moment-là…

À la base, on fait un premier passage sans trop s'exposer ni passer trop bas. Là, c'est tout le travail de l'équipage. J'avais repéré un djihadiste qui s'était réfugié dans un buisson et donc on fait ce premier passage pour que je leur désigne l'objectif. Ensuite, on effectue un deuxième passage pour traiter l'objectif, en clair, faire feu depuis l'hélico. Adrien, le pilote, sait exactement comment positionner la machine pour que je sois dans la meilleure position pour tirer.

Tu as l'œil dans le viseur, prêt à tirer?

Quand on arrive sur l'objectif à traiter, je commence à entendre des départs de coups, des impacts sur la machine. C'était quelque chose de très intense et j'ai tout de suite compris que ce n'était pas celui qu'on était censé neutraliser qui nous tirait dessus, mais un de ses camarades embusqué un peu plus loin, avec une mitrailleuse... Là, on a tous compris qu'il fallait rapidement décrocher. J'ai tenté quand même de neutraliser ma cible et continué à tirer pendant que le pilote faisait sa manœuvre d'évitement.

Vous êtes touchés?

Oui, nous sommes touchés! Je sens que Kevin et Adrien tentent d'éloigner la machine le plus possible parce que nous sommes en pleine zone hostile. On approche du sol à grande vitesse.

Vous réalisez que vous allez vous crasher?

J'étais encore en train de tirer, les pieds à l'extérieur de la Gazelle, sur le patin. Et quand on commence à se rapprocher du sol, je rentre les jambes et je m'accroche au fauteuil du chef de bord le plus fort possible, en me disant, de toute façon, ça va être l'impact assuré.

Qu'est-ce qu'on ressent?

De l'impuissance. J'ai accepté, je me suis dit, ça finit aujourd'hui... Je me dis que je n'ai plus rien à faire, que je n'ai plus les cartes en main. Je ne voulais pas que ça se finisse comme ça, mais bon, j'étais dans l'acceptation.

Tu te dis que tu vas mourir?

Oui, clairement.

Tous mourir ?

Oui, tous mourir… Je crois que c'était une vision objective de la situation. Je me dis que c'est la fin de ma courte vie.

Et là, il y a l'impact. Il est comment, cet impact ?

Il est très brutal, tout le monde est désorienté. Beaucoup de sable rentre partout dans la machine. On entend les pales de l'hélico qui claquent au sol. C'est quelque chose d'assez violent. La machine a fait une rotation, on est totalement déstabilisés.

Tu sens que tu es blessé ?

J'ai immédiatement ressenti une grosse douleur au dos. Je continuais à tenir le siège devant moi, mais je sentais que j'étais attiré vers l'extérieur de la machine et donc je m'accrochais au siège pour ne pas être éjecté, en espérant que ça se calme.

La Gazelle prend feu ?

Oui, la Gazelle s'enflamme.

Et là, tu te dis qu'il faut sortir au plus vite ?

Oui, c'est ça ! Dans un premier temps la douleur a envahi mon corps, mais rapidement j'ai su qu'il fallait bouger parce qu'en voyant les flammes, j'ai compris que, de toute manière, si je restais là, c'était fini.

Déjà, tu n'en reviens pas d'être en vie ?

Oui, je suis surpris, vraiment. Je me dis, ce n'est pas possible d'être encore là ! À ce moment-là il n'y a pas trop de réflexion à avoir, c'est l'instinct de survie qui prend le pas :

il faut sortir le plus vite possible. Je savais que la machine était chargée en kérosène, en munitions et en armement, et le premier réflexe, c'est de m'extirper de la machine en feu. J'ai un « dégrafage » rapide au niveau de la taille. Donc je fais ça et je sors. C'était assez compliqué avec la douleur, chaque mouvement me faisait souffrir, mais finalement j'arrive à sortir assez rapidement.

Tu parviens à marcher ?

Oui, mais je sens que j'ai une posture anormalement cambrée et je comprends que quelque chose ne va pas. La douleur était très intense et je n'arrivais pas à me tenir droit, mais je n'avais pas d'autre choix que de marcher. L'adrénaline fait le reste.

Tu cherches du regard tes camarades ?

Quand je sors, la première chose que je me demande c'est : où sont-ils ? Je les cherche du regard, mais j'avais encore la tête dans le guidon, ce n'était pas évident. Il a fallu que je prenne quelques secondes pour laisser retomber la pression et analyser la situation.

Tu te rends compte alors que les deux pilotes sont en vie ?

Oui, je le comprends rapidement.

Et tu te dis que c'est un miracle d'être tous les trois en vie ?

Effectivement, c'est un miracle, mais d'un autre côté – étant donné la situation tactique dans laquelle on était –, je pense que ce qui n'est pas arrivé au moment du crash, va se produire maintenant. On était isolés, à une distance assez importante de mes camarades au sol. Je savais qu'ils étaient à pied et pas en véhicule. Je me dis que l'ennemi n'est pas très loin. En clair, que c'est reculer pour mieux sauter ! Que tout va très mal se finir pour nous !

Qu'est-ce que tu crains le plus à ce moment-là ?
J'étais persuadé que les djihadistes que l'on combattait allaient finir le travail… Soit venir jusqu'au lieu du crash pour nous abattre, soit tirer depuis leur position à moins d'un kilomètre de nous. J'ai peur sans avoir peur, je suis résigné. Je me dis que, de toute façon, c'est ce qui va arriver !

Finalement il n'y a pas de tirs. Tu es surpris ?
Un peu. Du coup, je reprends mes esprits et j'analyse clairement la situation. Je dois prendre rapidement les décisions les plus adéquates. Le premier problème, c'est la Gazelle qui a pris feu et mes deux camarades qui sont encore à proximité de l'hélico. Il faut que je les sorte de là.

Comment fais-tu ?
Très vite, un hélicoptère d'attaque Tigre – qui était engagé dans les combats dans la zone – a décidé de se poser pour nous porter secours. Je ne m'attendais pas du tout à ça, d'autant qu'il n'y a que deux places dans un Tigre, pour le pilote et le chef de bord. L'appareil ne peut embarquer aucun passager. Je me suis dit que j'allais accrocher comme je pouvais Kevin et Adrien à l'extérieur de l'hélico… Une fois que j'ai pris cette décision, l'adrénaline me permet d'agir. D'abord, je tire Adrien qui est au sol, et je le traîne jusqu'au Tigre.

Tu tires un gaillard de plus de 100 kg alors que toi-même tu es blessé ?

C'est très dur… mais à ce moment-là, on voit de quoi est capable le corps humain ! Je n'avais aucune alternative. Je ne pouvais pas imaginer une seconde repartir seul. Ou on restait tous les trois, ou on partait tous les trois. Donc, dans ma tête je verrouille tout, j'essaye d'oublier la douleur, même si ce n'est pas évident… Et je fais ce qu'il y a à faire.

Est-ce que vous avez le temps de vous parler ? Est-ce qu'il y a des cris ?

Je comprends qu'ils souffrent énormément. Avant que je commence à tirer Adrien, on échange quelques mots avec les pilotes et je leur dis : les gars, on n'a pas le temps de parler, il faut y aller, se relever et partir… Mais je comprends qu'ils ne peuvent pas marcher, alors je reprends quelques secondes pour réfléchir. Je décide de tirer Adrien qui semblait être le plus mal en point. Quand j'arrive au pied du Tigre, je communique tant bien que mal avec le chef de bord pour qu'il fasse bien attention à pointer son canon vers la zone des ennemis qui n'était pas loin. Quand je mets Adrien à l'abri derrière le Tigre, je me dis qu'au moins, il sera protégé s'il y a une explosion. Après, je repars chercher Kevin et, au moment où je me dirige vers la Gazelle, je le vois au sol en train de rouler sur lui-même pour se rapprocher de l'hélico. Il est incapable de marcher, mais a trouvé la force pour faire ces roulés-boulés, ce qui a divisé par deux la distance que je dois parcourir pour aller le récupérer. Une aide très précieuse dans une situation où chaque minute, chaque seconde même, compte !

Tu es impressionné?

Non, pas à ce moment-là, je ne pense qu'à une chose : qu'on rentre tous vivants. Mais pour la première fois depuis le crash, je sens l'espoir revenir et je me dépêche d'aider Kevin à parcourir les derniers mètres, puis je l'accroche tant bien que mal au-dessus de la roue gauche du Tigre. Ensuite, je fais la même chose avec Adrien sur l'autre roue. Je n'ai même pas de câbles, ils vont devoir se tenir à la force des bras... Cette procédure d'« extraction d'urgence des blessés » existe, mais en théorie. Jamais elle n'a été faite sur le terrain, ni à l'entraînement. Trop dangereux. En plus, elle n'est prévue que pour deux personnes, pas trois! Du coup, moi j'arrive à me hisser sur l'ailette du Tigre au-dessus d'Adrien, et je m'accroche à une poignée.

Tu te dis que ça va le faire?

Pour être honnête, je me dis que c'est complètement stupide. Et c'est peut-être à ce moment que j'ai eu le plus peur. Je sentais qu'on s'apprêtait à faire quelque chose d'improbable. Une scène de film d'action... L'hélicoptère décolle et j'ai vraiment peur. Peur qu'un de mes potes lâche. On n'est pas encore sortis d'affaire!

Pendant ces longues minutes de sauvetage, tu penses plus à tes camarades qu'à sauver ta peau...?

J'ai tout fait à l'instinct pour sauver des militaires et ceux-là étaient des proches. Humainement, beaucoup de gens auraient fait la même chose que moi, j'en suis sûr. Et d'un point de vue plus égoïste, je n'aurais pas pu vivre au quotidien si je ne les avais pas sauvés. Jamais je n'aurais pu rentrer vivant, seul, en France. Ça aurait été insupportable…

Quand tu croises le regard du chef de bord du Tigre, qu'est-ce que vous vous dites avec les yeux ?

Je sentais qu'il était désemparé ; exposer un hélicoptère et des vies en plus… c'est quelque chose ! Mais je voyais que le pilote et lui voulaient nous aider à tout prix. Ils étaient dans le cockpit, rotors tournant pendant toute la manip qui a duré moins de 10 minutes avant le décollage. Le pilote est venu me voir plus tard pour me dire qu'il était désolé de ne pas être sorti… Mais je lui ai dit que ça ne m'avait même pas traversé l'esprit. C'était quelque chose d'impensable à quelques centaines de mètres de l'ennemi.

Le fait qu'il se pose pour venir vous secourir, c'est déjà quelque chose de dingue, non ?

Oui, c'est quelque chose de courageux de leur part. Je ne sais pas si tout le monde aurait été capable de prendre une telle décision aussi rapidement et de se poser dans une situation comme celle-là. Ils se sont exposés, ils ont risqué leur vie pour nous.

Qu'est-ce qu'on ressent dans cette position inimaginable, accroché à la carlingue d'un hélicoptère de combat ?

J'avais une grosse appréhension avant le décollage, mais l'équipage du Tigre a fait un travail remarquable. J'imagine que ça a été le vol de leur vie et il a été étonnamment d'une grande douceur. Une fois en l'air, c'était tout à fait confortable, car le pilote faisait tout pour que cela soit fluide…

Je savais que c'était bon et je me suis dit, ça y est, on va rentrer ! On va s'en sortir !

Adrien et Kevin avaient-ils peur que le vol dure longtemps, peur de ne pas tenir ?

J'ai surtout eu peur pour Adrien qui était face à moi. Je voyais qu'il était dans une situation physique compliquée ; il avait beaucoup ramassé et à ce moment-là, j'avais l'appréhension qu'il ne tienne pas et qu'il lâche… Je voulais qu'il résiste jusqu'au bout.

Là, tu as encore la boule au ventre ? Tu te rends compte de tout ce que vous venez de vivre ?

Je m'accroche surtout à la poignée… Pour moi-même, j'étais soulagé parce que je savais que j'étais tiré d'affaire, donc je n'avais plus la boule au ventre, mais je me faisais juste du souci pour mon camarade. Alors, pendant tout le vol, je dialoguais avec lui.

Avec le bruit des pales, tu arrives à lui parler ? Tu dois crier pour te faire entendre ?

Oui, je lui disais surtout de ne pas lâcher. Je lui criais : c'est bon, on va rentrer à la maison, tout va s'arranger.

Et quand vous vous posez ?

Là, c'est le soulagement total !

Les commandos montagne qui sont au sol viennent vous sauver. Il y a des larmes, il y a des regards ?

Les deux pilotes sont pris en charge. Moi je descends de l'hélicoptère et je fais quelques mètres en marchant, mais toute la pression accumulée retombe et je n'arrive plus à tenir sur mes jambes. Dans les minutes qui suivent, je décompresse avec des amis de longue date qui étaient là. C'est assez surréaliste, on bascule dans une atmosphère de détente, on rigole. C'est ma façon de décompresser, en blaguant avec eux, en attendant d'être évacué.

Et là, quelles sont les réactions de tes copains ?

Ils me disent : Tu as assuré Max ! C'était une grosse mission pour eux aussi, au sol, parce qu'ils ont vécu des choses très intenses pendant toute la nuit. Ce qu'ils ont enduré et ce que moi j'ai vécu, tout cumulé… On se dit que c'est le genre de choses qu'on voit uniquement au cinéma ! Et pourtant, nous sommes tous déjà très aguerris. Mais on sait que ce qu'on vient de vivre n'est pas commun.

Toi, tu as déjà été confronté à des violences ? à l'épreuve du feu ?

J'ai connu plusieurs actions de feu dont l'intensité variait en fonction des missions ; parfois c'était très violent, parfois moins. Mais je n'ai jamais été blessé sur aucune mission, donc je me sentais un peu invincible. Maintenant, je prends conscience que ça peut m'arriver à moi et à mes camarades à tout moment.

Aujourd'hui, tu ne te sens plus invincible ?

Non, c'est une certitude !

Néanmoins, tu vas repartir pour le Mali quelques mois après ce crash.

Oui.

Pourquoi ?

Parce que, finalement, je réalise que ce métier, c'est une passion. C'est un peu une drogue, c'est quelque chose de particulier qu'il est difficile de décrire et d'expliquer à ceux qui n'appartiennent pas à ce monde militaire. Les gens ne peuvent pas comprendre ça facilement, mais il y a un état d'esprit qu'on ne trouve nulle part ailleurs… Un esprit de camaraderie sur fond d'action et d'adrénaline… Je ressens aussi profondément cette sensation de servir à quelque chose. Le tout cumulé, ça a pris le dessus sur mon accident et je me sens prêt à repartir.

Avec une appréhension ?

Oui, c'est vrai, avec une appréhension. Mais je ne changerai pas ma façon de travailler, j'essaierai juste de m'améliorer… Ce que je retiens de cette expérience, c'est qu'on ne peut pas toujours gagner !

Le fait de te crasher, tu l'as vécu comme un échec ?

Non, je suis allé au bout de ma mission et je ne pense pas avoir commis de fautes. La morale de mon histoire, c'est qu'on ne peut pas toujours s'en sortir indemne.

Tu culpabilises de ne pas avoir vu le tireur embusqué ?

J'étais concentré sur un autre tireur caché dans la végétation et je n'avais pas encore la vision d'ensemble et, c'est vrai, je n'ai pas vu celui qui a tiré sur notre hélico. Au Mali, l'ennemi connaît parfaitement le terrain et sait se cacher. J'aurais aimé le voir, mais cela n'a pas été le cas. Avec le recul, je me demande si j'aurais pu faire autrement… Je ne sais pas !

Le film de ce crash, tu le repasses souvent dans ta tête ?
Quelquefois, oui.

Avec des cauchemars ?
Non, pas plus que ça.

Qu'est-ce qu'il te reste de cette histoire, physiquement et psychologiquement ?
Psychologiquement, des souvenirs ancrés à jamais, bien sûr. Et physiquement, j'ai des douleurs au dos qui reviennent régulièrement ; même si ce n'est pas agréable, ça ne m'empêche pas d'avancer.

Comment tu as géré a posteriori *le fait qu'Adrien et Kevin auraient pu être paralysés, parce qu'ils ont eu des fractures à la colonne vertébrale ? Et que vous auriez pu tous mourir ?*
Aujourd'hui, tout le monde marche et tout le monde est de retour au boulot. Adrien et Kevin viennent de refaire un premier vol ensemble en France, un an après l'accident, et ça, c'est merveilleux. J'attends avec impatience de les revoir sur un vol tous les trois dans la Gazelle pour le 14 juillet. Une belle façon de conjurer le sort et d'aller de l'avant. Nous sommes liés à jamais par cette histoire… En repensant à ce qui nous est arrivé, je n'ai qu'un mot : c'est « miracle » ! Comme quoi, quand ce n'est pas notre heure, ce n'est pas notre heure !

Qu'est-ce que ça t'a appris sur toi-même, cet épisode ?
C'est une question délicate… Peut-être que j'ai découvert en moi cette faculté de positiver. C'était chaud, mais la vie continue. Je m'étais toujours juré que le jour où il m'arriverait

un truc, un accident en mission, eh bien, j'arrêterais… Et finalement, je vois qu'en fait, je le prends bien. C'est comme ça. S'il doit m'arriver quelque chose, il m'arrivera quelque chose… On ne décide pas. Et finalement, je le vis bien et continue à avancer. Avec cette faculté de passer à autre chose.

Dans quelle mesure c'est du courage ou de la bravoure ?

Je ne parlerais pas de bravoure. On est fait pour ça ou on ne l'est pas. Du courage, certes, il en faut pour aller au combat, mais si on le fait, c'est aussi et surtout parce qu'on en a envie.

Est-ce que tu es un héros ?

Non, sur une action comme ça, il n'y a pas de héros. Chacun réagit comme il peut et personne ne peut juger des décisions prises. Peut-être que quelqu'un d'autre aurait fait mieux, ou moins bien.

Qui sont les héros dans cette histoire pour toi ?

Je ne vois pas vraiment de héros en fait, j'ai vu des personnes courageuses. Après, je trouve le terme héros un peu fort. C'est un ressenti personnel, cela. En tout cas, c'est une action vraiment collective, parce que chacun y a mis du sien, chacun a œuvré dans le bon sens. Entre l'équipage de la Gazelle qui a fait de son mieux pour éloigner la machine de la zone ennemie et l'équipage du Tigre qui a eu l'audace de faire un poser d'urgence dans une zone hostile… sans appui au sol !

C'est une action héroïque sur l'ensemble ? Ou alors un sauvetage inédit, c'est plus un terme que tu préfères ?

Oui. C'était mal parti et, finalement, parce que tout le monde y a mis du sien… ça s'est bien fini !

As-tu pensé à ton fils au moment du crash ?

Pas vraiment, c'était particulier... Long et rapide en même temps. Il y avait beaucoup d'informations à gérer, je ne sais pas si ça m'aurait servi d'avoir l'esprit ailleurs.

À quel moment as-tu pensé à lui, alors ?

Je pense à lui quand on est sorti d'affaire et, à ce moment-là, je me dis que je vais pouvoir revoir mon fils...

À certains moments, y a-t-il eu des larmes ?

Pour ma part oui, une fois que tout est retombé et que je me suis retrouvé pris en charge à l'hôpital à Gao... Là, tout est redescendu et j'ai un peu craqué ! Ce n'était pas de la tristesse, mais un relâchement total.

Comment fait-on pour se remettre d'une telle expérience ?

C'est propre à chacun. Pour ma part cela a été plus long que ce que j'imaginais. Au début, je me sentais très bien et finalement, sous le coup de l'émotion, j'ai eu envie de repartir et de prendre ma revanche...

Tu avais envie de te venger en retournant au Mali ?

Non, pas du tout. Je pense que ça serait une très mauvaise chose. Il faut y aller en se disant qu'on part pour une nouvelle mission, faire notre boulot et le faire correctement. Pas y aller avec de la rancœur. Je ne pense pas que ça serait compatible avec nos missions au Mali.

Comment partages-tu tout cela ça avec tes proches ?

Je leur ai expliqué l'ensemble sans trop entrer dans les détails, mais mes proches avaient besoin de savoir. Je suis revenu en France blessé, ce n'est pas arrivé en jouant au volley. Je devais à ma famille des explications.

Comment ta femme et ton fils vivent-ils ton prochain départ au Mali ?

Ils ne me le disent pas trop…

Tu t'es posé la question de raccrocher ?

Pas de raccrocher, mais j'ai des doutes. Je me suis demandé si je ne poserais pas un petit peu les valises, si je ne prendrais pas un peu plus le temps de vivre. Je me suis posé la question.

Et alors ?

La passion l'a emporté…

Retour sur une nuit d'enfer

« Je ne souhaite à personne de vivre ce qu'on a vécu. On n'aurait jamais imaginé vivre une journée comme celle-ci. »

Celui qui parle est le chef des commandos ; son surnom : Pat. Le 13 juin 2019, il dirige au sol une opération antiterroriste face à des ennemis prêts à se battre jusqu'au bout. Des combats d'une violence extrême, qui vont durer toute la nuit.

« On avance dans la forêt, on ne voit quasiment rien. On distingue à peine les silhouettes à travers les feuilles, et il est arrivé qu'on trouve des combattants juste derrière des buissons, les armes à la main, qui nous attendaient… Et là, c'est au plus rapide. Les ennemis tirent des rafales, ça passe très, très, près. C'étaient des combats à moins d'un mètre, quasiment à bout portant, au corps à corps… »

L'opération de ces militaires français se déroule dans la zone frontalière entre le Mali et le Niger. Plus précisément dans la forêt d'Azabara, au nord-ouest de la localité d'Akabar, en territoire malien. Le nom de code de l'opération est « Aconit ». Elle a commencé le 7 juin avec des forces maliennes et nigériennes. L'armée française a engagé 400 hommes du GTD (Groupement tactique désert), une quarantaine de commandos, une centaine de véhicules, des chars AMX-10RC, des hélicoptères Tigre, Gazelle, Caïman.

Un drone français, Reaper, survole la zone ; la chasse n'est pas loin, prête à intervenir.

Le groupe djihadiste qui est ciblé par ce déploiement est clairement identifié, c'est l'EIGS.

Depuis Gao, le colonel Éric Meunier dirige la manip. Dans l'après-midi, le drone a repéré une moto suspecte à proximité de la forêt d'Azabara et les renseignements nigériens font état de mouvements d'une dizaine d'ennemis dans la zone. « Des personnes regroupées à la nuit tombée, sans faire de feu, me laissent supposer qu'elles ne veulent pas être détectées ; donc il est important d'aller voir pour comprendre ce qu'elles sont en train de faire ou de préparer ! »

Vers 20 heures, le colonel français donne donc l'ordre aux équipages des Tigre de décoller de Gao. Quatre hélicoptères Caïman déposent ensuite des commandos montagne sur deux positions différentes. L'équipe de Pat, le chef des GCM, est prise à partie par l'ennemi dès sa dépose en hélicoptère.

« Je me suis dit, c'est vraiment pas passé loin, raconte Pat, et dans des cas comme ça, on remercie sa bonne étoile. Et puisqu'on est toujours sur nos deux jambes, eh bien, on avance, on continue. »

Les commandos montagne, jumelles de vision nocturne vissées sur leurs casques, avancent prudemment. Ils sont en ligne avec les Tigre qui survolent la zone de combat et font feu…

« Il y a un gars qui vient de se barrer en direction du bois, il est en face de vous, à 20 mètres, prévient le chef de bord à la radio, il est armé… OK ça part, ça tire ! »

Depuis le capteur de la machine, il distingue très bien la forme qui court, arme à la main, pour se cacher derrière un arbre. Le chef de bord vise les silhouettes. « C'est parti, feu… Il continue à courir malgré mes impacts », poursuit le chef de bord. Le Tigre continue ses tirs au canon de 30 mm, avant de neutraliser sa cible. Des images qui ne laissent guère de doute…

Pour le colonel Meunier, difficile de dire combien de combattants font face aux Français : « Trente, quarante ou peut-être même cinquante, avance-t-il. Mais ce qui est sûr, c'est qu'ils sont entraînés, expérimentés et bien équipés ; ce ne sont pas des paysans à qui on a donné des kalachnikovs. Ils cherchent à combattre à très courte distance ! »

Les commandos montagne parviennent à neutraliser un groupe de combattants mais, à la lisière d'un second bois, dans une zone marécageuse, les échanges de tirs sont très intenses. Les militaires français ne parviennent pas à franchir la dernière butte, se heurtant à une solide position défensive ennemie.

L'un des équipages Tigre avec à son bord Nicolas, le pilote, et Paco, le chef de bord, vient à bout de cette position. « Quelques heures auparavant, nous étions à Gao en train de finir notre soirée pizza, on se racontait nos précédents détachements, on se racontait un peu nos guerres, raconte Paco, sourire en coin. Et on n'imaginait pas un instant ce qui allait suivre ! » Nicolas, le pilote du Tigre renchérit : « Pour moi, ce jour-là, c'était mon baptême du feu… Je n'ai pas vraiment eu le temps de me poser des questions. On était en pleine phase de combat… On est dans la mission, dans le combat, et on essaye de protéger au mieux nos camarades au sol. » Je lui demande alors combien d'ennemis il a tués et ce qu'il ressent à ce moment-là. « Plusieurs », répond-il. Puis après un silence : « Je me dis que ça fait beaucoup, mais l'ennemi est clairement identifié et c'est lui qui a engagé le combat ; donc on se dit que, de toute façon, c'est lui, ou les commandos… ou nous ! »

Ce qui suit, tout d'abord, c'est la reprise de la progression au sol des commandos, stoppée à nouveau par une autre position défensive. Cette fois, en face, c'est de l'armement lourd en batterie. Il faut faire appel aux Mirage qui vont venir frapper cette position depuis la base de Niamey, au Niger. Depuis l'arrivée sur zone des hélicoptères Tigre et des commandos, il s'est passé sept heures… Une nuit d'enfer avec des combats acharnés !

Pendant ce temps, sur la base de Ménaka, à l'arrière, Maxime Blasco peine à trouver le sommeil. Il fait chaud, il sait que l'action se déroule à proximité, il attend d'être déclenché avec l'équipage de la Gazelle pour prêter main-forte aux copains engagés dans les combats. Il a beau mettre un casque pour écouter du hard rock, il pense à ses frères d'armes du GCM : le groupement commando montagne se bat, et c'est dur, il le sait. Des informations parviennent à l'arrière. Sur cette mission, Maxime Blasco est tireur d'élite embarqué sur un hélicoptère Gazelle. Il doit attendre son heure. Il est impatient…

Le jour se lève à peine quand l'équipage de la Gazelle est déclenché pour aller relever l'équipage du Tigre, engagé toute la nuit dans cette bataille. Kevin, le chef de bord, Adrien le pilote, et Max, le tireur d'élite, se rendent rapidement à la machine. Chacun vérifie en silence son matériel. Ils décollent, la nuit est plutôt claire et ils aperçoivent la zone forêt d'Azabara.

Adrien explique : « Je vois l'équipage Tigre que nous venons relever et nous échangeons les messages radio pour être au fait de la situation. Très vite, il me signale un ennemi à proximité de notre position. On descend pour faire notre passe de tir, une première fois, puis une deuxième. Dans la Gazelle, chacun a son rôle. Kevin supervise la manœuvre, moi je suis aux commandes et j'amorce la trajectoire pour permettre à Max, qui est à l'arrière, d'effectuer son tir dans les meilleures conditions… Mais cela ne se passe pas comme prévu ! »

Max a l'œil dans le viseur, il essaye de délivrer le plus de feu possible, mais il entend les départs de coups et les impacts sur la machine. Quelque chose de très intense, dira-t-il…

Adrien poursuit : « Je vois une multitude de flashs qui partent dans notre direction. Je comprends qu'on se fait tirer dessus. Immédiatement les alarmes retentissent, je perds de la puissance, le manche se met à vibrer. »

Ils comprennent qu'ils vont se crasher.

« On essaye de faire la procédure que nous devons appliquer quand il n'y a plus de moteur, poursuit le chef de bord. Nous sommes alors à environ 130 km/h. »

Comme Maxime me l'a déjà expliqué, c'est à ce moment-là qu'il rentre les jambes dans l'hélicoptère et s'accroche au siège du chef de bord en attendant l'impact. Ils pensent qu'ils vont tous mourir.

En ce matin du 14 juin, alors que des combats sporadiques se poursuivent dans la forêt d'Azabara, la Gazelle est touchée par des tirs de mitrailleuse Kalachnikov PKM. Adrien, le pilote, tente d'éloigner le plus possible la machine de la zone de combat. Le crash est inévitable.

Depuis le Tigre, Paco et Nicolas voient la Gazelle au sol qui prend feu. Ce sont eux qui donnent l'alerte. « Crash de la Gazelle, crash de la Gazelle », annonce Paco à la radio.

Ils voient ensuite l'équipage sortir de la machine : « Les pilotes sont vivants… Non, les trois sont vivants », crie Paco. Il va prendre une décision impensable, en accord avec son pilote : se poser en pleine zone ennemie pour aller tenter de récupérer les survivants. Un atterrissage très risqué. Un choix qui engage leur vie.

« On est dans l'action, on n'a pas le temps d'avoir peur, se justifie Paco plus tard. On réalise très rapidement que c'est maintenant ou jamais. Donc, on décide d'aller les chercher malgré les risques. Franchement, on voit des camarades qui sont vivants et qui ont besoin d'aide. Humainement, il n'y a pas d'autre choix à faire ! »

Paco annonce à la radio : « On va les chercher… »

Au sol, c'est un miracle… Kevin, Adrien et Max sont en vie, mais complètement déboussolés. « Je suis passé à travers le pare-brise de la machine avec le siège qui s'est complètement détaché alors que moi, j'étais encore attaché dessus, explique Kevin. Je me suis retrouvé avec les jambes encore à l'intérieur et le corps à l'extérieur. »

À ses côtés, Adrien réalise qu'ils sont vivants. « La douleur m'envahit, violente, mais je dois m'extirper au plus vite de la machine. Je rampe sur le sol, j'essaye de me mettre debout, mais mes jambes ne me portent plus. Heureusement Max, qui est moins blessé que Kevin et moi, va venir à notre secours ! »

Pendant quelques secondes, me racontera plus tard le pilote du Tigre, Max est debout au pied de la machine. Il semble sonné, hagard. Mais il va vite reprendre ses esprits pour aller porter secours à ses camarades. Il n'a sur lui que son arme de poing et décide de laisser son fusil à lunette pour aller chercher Adrien et l'éloigner de la Gazelle, l'hélicoptère qui menace d'exploser à tout instant. Max tire Adrien vers le Tigre qui s'est posé à une centaine de mètres, quelques secondes auparavant. Il le met à l'abri au pied de l'appareil de combat et repart chercher Kevin.

« J'ai cherché un moyen de me rapprocher du Tigre pendant que Max évacuait Adrien, raconte Kevin. Mes jambes ne me portaient plus, donc j'ai rampé, puis avec une impulsion qui a déclenché une douleur très violente, j'ai réussi à rouler sur moi-même. Et j'ai profité de l'élan pour continuer à rouler, rouler... Je me disais, ne t'arrête pas... Je crois que j'ai quand même bien crié ! »

Max, qui est retourné chercher Kevin, voit qu'il a parcouru la moitié de la distance le séparant du Tigre. Des mètres qui sont infiniment précieux, parce que Max est blessé et à bout de forces après avoir tiré Adrien qui, tout équipé, pèse plus de 100 kg. Il l'installe sur le patin de l'hélicoptère et retourne installer Adrien au-dessus de l'autre roue, au niveau du train d'atterrissage. Le pilote se tient à la force des bras à l'extérieur de la carlingue.

Cette installation des deux blessés à l'extérieur de l'hélico existe dans les manuels militaires, elle s'appelle un « Tigrex ». C'est une procédure d'évacuation d'urgence, mais elle n'a jamais été réalisée, pas même à l'exercice, car trop dangereuse... Max ne la connaît pas. Elle avait été présentée quelques jours plus tôt à Gao, mais Max était déjà à Ménaka.

Il sait que le temps est compté, que l'ennemi peut venir les abattre. Il arrive à se hisser sur l'ailette du Tigre – qui est une machine biplace – et s'accroche à une simple poignée.

À l'intérieur du cockpit de l'hélicoptère de combat, la pression monte. L'équipage ne peut pas sortir aider les blessés, les rotors tournent, ils doivent redécoller au plus vite.

Sur l'enregistrement radio, on entend Paco demander à Nicolas : « Tu crois qu'on va pouvoir redécoller ? » Et le pilote répond : « Oui, on va pouvoir décoller. Ils sont tous montés ? »

Paco est inquiet. « Ils sont trop blessés, ils ne vont pas pouvoir s'accrocher au Tigre sur un train d'atterrissage... Enroule la sangle », crie-t-il, pour se faire entendre de Max à l'extérieur... avant de réaliser : putain, ils n'ont pas de sangle. « Allez, on décolle vers les commandos. »

À la radio, on entend les alarmes du Tigre résonner et un commando, à l'arrière, demande : « Tu as récupéré un blessé ? » Réponse de Paco : « Non, on a récupéré les trois... On essaye les trois. »

Adrien se souvient : « Moi j'étais sur le patin, du côté droit de l'hélico. J'avais posé mon pied sur le pneu du Tigre et je voyais à travers la vitre du cockpit le chef de bord. C'était très intense. On ne pouvait pas se parler à cause du bruit, mais je lisais sur son expression "Tiens bon, accroche-toi !" Ma première pensée a été pour mon fils et pour mon épouse. Je me suis accroché de toutes mes forces pour eux. Les minutes de ce vol étaient interminables, les plus longues de toute ma vie. »

Maxime est un peu plus haut, sur l'ailette. C'est le moment qui l'a le plus terrifié. Une scène de film d'action, selon ses mots ! Mais il est sain et sauf.

Le sauvetage a duré six minutes.

Les deux pilotes du 3e régiment d'hélicoptères de combat d'Étain, dans la Meuse, sont sauvés. Ils seront rapidement évacués vers un hôpital militaire en France. Diagnostic : des fractures de la colonne vertébrale. Ils pourront, miraculeusement, revoler ensemble, un an plus tard.

Paco et Nicolas, l'équipage Tigre du 5e régiment d'hélicoptère de combat de Pau, ont réalisé un immense acte de bravoure en se posant pour venir au secours de leurs camarades. Nicolas poursuit les missions au Mali.

Dans la forêt d'Azabara, les combats s'achèvent. Ils ont duré une quinzaine d'heures. Plus d'une vingtaine de djihadistes ont été tués par les militaires français. Par miracle, aucun soldat de la force Barkhane n'a été abattu. Maxime, à partir de ce jour-là, est devenu un héros. Bien malgré lui !

La famille Blasco

Cinq mois après le décès de Maxime, je pars à Varces pour revoir ses parents. Jean-Marc et Véronique ont beaucoup de mal à faire le deuil de leur fils. Les mois passent, mais la souffrance est là. Le temps des hommages est passé, ils se retrouvent seuls face à la béance de l'absence.

Ils viennent ensemble me chercher à la gare de Grenoble. Je les retrouve unis, soudés et inséparables. Ils ont accepté de me raconter Maxime parce qu'ils ne veulent pas qu'on l'oublie. Ils veulent aussi, à travers son histoire, honorer tous les militaires français qui combattent les terroristes, loin de chez eux. Parfois dans l'indifférence de la nation.

Nous passons en voiture devant le 7e bataillon de chasseurs alpins qui se trouve à quelques kilomètres de la maison familiale. Le père de Maxime avoue qu'il fait souvent un détour pour ne pas passer tous les jours devant le bataillon de son fils, c'est trop douloureux.

La maison est accueillante, le soleil d'hiver léger. Nous sommes au pied des montagnes. Il flotte une douceur indifférente au drame vécu par les Blasco. Au salon, un cadre avec la photo de Maxime sur fond de drapeau bleu, blanc, rouge. Celle diffusée après sa mort sur les chaînes de télévision et sur les réseaux sociaux.

Nous nous installons à la table de la salle à manger. Je vais plonger avec eux dans l'enfance, l'adolescence et la vie de jeune adulte de ce soldat, mort pour la France. Géraldine, la sœur aînée de Maxime, se sent amputée d'un membre depuis la mort de Max, mais elle veut raconter aussi l'histoire de cette famille ordinaire, aimante et aujourd'hui endeuillée. Des larmes vont couler, des regards se baisser par pudeur et parfois des sourires vont illuminer le récit.

L'histoire de la famille commence par une rencontre en 1978. Véronique, ravissante jeune femme de 19 ans, toute petite, toute menue avec de grands yeux vert d'eau teintés de gris, se rend chez son cousin, à une vingtaine de kilomètres de Grenoble. Il vient d'acheter une chaîne hi-fi et galère un peu pour l'installer ; il appelle son voisin du premier, Jean-Marc, un passionné de musique comme eux, mais plus pointu sur la technique.

Jean-Marc arrive rapidement pour régler la chaîne, il est tout de suite subjugué par Véronique : « Dès que je l'ai vue, je me suis dit, Waouh, elle est magnifique cette petite avec ses jolis yeux ! J'ai tout de suite flashé dessus », raconte-t-il, l'œil brillant, quarante-quatre ans plus tard.

La jeune femme est plutôt timide, mais Jean-Marc, vendeur chez Darty, a la gouaille et, du haut de ses 22 ans, il parvient à séduire Véronique. Très vite, ils vont se fiancer. « À l'époque, l'union libre, ça ne se faisait pas, et on a fait les choses de façon tout à fait traditionnelle. Mon père, né en 1919, est allé faire la demande au père de Véronique, habillé en costume. Moi qui faisais beaucoup de sport, j'avais l'habitude des tenues décontractées, mais pour l'occasion j'ai mis la cravate aussi. Quand je voulais quelque chose, je l'obtenais. Et la mère de ma petite amie était revêche, la bougresse… Il ne fallait pas faire de faux pas, mais je ne me suis pas laissé déstabiliser ! »

Les fiançailles ont duré deux ans, pendant lesquels Jean-Marc monte à Paris. Après ses débuts comme vendeur, il entre dans la police et est affecté sur un poste à Paris en tant que CRS. Il espère devenir motard dans la Police nationale, mais à cause de son caractère bien trempé, il n'accède pas à tous les stages.

Le couple se marie en 1980 et c'est en 1981 que Jean-Marc revient à Grenoble pour retrouver sa jeune épouse. Un an plus tard naît Géraldine, leur premier enfant. Jean-Marc est toujours dans une compagnie de CRS, il y restera encore cinq ans. Un boulot passionnant, mais de plus en plus prenant.

« Maxime est né en 1986, mais je ne l'ai pas vu grandir. Lors de sa première année, j'ai fait 286 jours de déplacement. La Corse, la Calédonie, le Pays basque, Chamonix, etc. Je n'étais jamais là. Rien que la mission à Nouméa, c'étaient deux mois et demi. Quand j'ai réalisé que j'avais vraiment raté la première année de mon fils, je me suis dit qu'il fallait que je change quelque chose ; donc j'ai quitté ma compagnie de CRS pour rejoindre la police urbaine à Grenoble et être près des miens ! »

Véronique est contente de retrouver son homme à la maison. Elle travaille à la Sécurité sociale à temps partiel pour pouvoir s'occuper au mieux des enfants. Elle les amène à l'école, va les chercher en fin d'après-midi. Pour elle, l'éducation mais aussi la présence d'une mère sont primordiales. « Mais j'ai toujours travaillé, précise-t-elle, car je voulais apprendre à mes enfants la liberté et l'indépendance. Je ne voulais pas entendre parler de femme au foyer, dépendant de son mari ! »

Elle voit bien que Jean-Marc tourne un peu en rond à Grenoble et s'épanouit moins dans la police urbaine que dans son ancienne compagnie de CRS. « Il avait un esprit aventurier, comme Maxime plus tard. Il lui fallait de l'action. Ses déplacements en tant que CRS, c'était un peu l'équivalent des opex pour des militaires ! »

Quelques années plus tard, il saisit une opportunité, passe un examen et se retrouve dans la police judiciaire. « Ça m'a beaucoup plu de faire du judiciaire, raconte le père de Maxime. J'étais sous-brigadier, agent de police judiciaire. Après l'interpellation, j'auditionnais le suspect et, en fonction du cas, je transmettais à l'officier de police judiciaire. J'avais la charge d'appeler les magistrats pour savoir si on déferrait l'individu à la maison d'arrêt. »

Véronique est une femme libre, mais maman avant tout. Elle s'accommode d'une vie professionnelle tranquille. « C'est vrai que les hommes de la maison ont eu des métiers qui brillaient plus que le mien. Moi, j'ai fait toute ma carrière à la Sécurité sociale, à des postes plus ou moins intéressants. Je ne peux pas vraiment dire que j'ai réussi une super vie professionnelle, mais je suis satisfaite d'avoir pu concilier vie professionnelle et vie familiale, ce qui était très important pour moi. »

Elle donne du temps, de l'amour, mais elle exige aussi en retour des comportements exemplaires. Véronique est une mère assez stricte. « Maxime me l'a souvent reproché. Avant d'être militaire, il me disait que j'étais trop "carrée". C'est vrai, il fallait que ça file droit. »

En grandissant, Maxime supporte de moins en moins l'autorité. « Il ne supportait pas mon métier de policier. Il n'aimait pas être "fils de flic". Il détestait l'ordre ! Quand il m'a annoncé qu'il voulait s'engager dans l'armée, je suis tombé des nues », raconte son père.

À l'évocation de la jeunesse de ses parents, Géraldine sourit. Elle adore se replonger dans les souvenirs de famille, les photos et les anecdotes. « C'est vrai, mes parents étaient stricts, sévères. Franchement, je les craignais ; si j'avais un mauvais bulletin, je rentrais avec la peur au ventre à la maison. Maxime, lui, n'avait pas le même comportement avec eux. Il était plutôt rebelle et leur en a fait voir de toutes les couleurs. »

Avec Maxime, ça a toujours été plus compliqué et pas seulement à l'adolescence. Ses parents se sont beaucoup opposés à lui, même petit. Il était toujours dans la provocation.

« C'était un enfant turbulent à 3 ou 4 ans, se souvient Jean-Marc. Il nous défiait souvent en nous regardant droit dans les yeux. Il prenait un objet, ne baissait pas le regard quand on lui demandait de le poser. Et il le laissait tomber en nous narguant. Pareil pour ses peluches qu'il jetait de l'étage, sans obéir à nos injonctions. L'été, il se faisait un plaisir de massacrer les châteaux de sable que sa grande sœur construisait patiemment. On peut dire qu'il avait une forte personnalité. »

Géraldine se chamaille beaucoup avec son petit frère, mais elle l'adore. Elle le couvre de tendresse et de confidences.

« Quand on était petits, on avait peur du noir tous les deux. On a longtemps dormi dans la même chambre, on avait des lits jumeaux. Quand nous étions chez les grands-parents, et qu'ils nous disaient d'aller nous coucher, avec Maxime on avançait interrupteur après interrupteur, pour ne pas avoir à rester dans le noir ; puis à tour de rôle on allait appuyer sur l'interrupteur précédent ! C'était une sacrée montée d'adrénaline, la maison immense faisait flipper, et on avait l'imagination fertile…

Le soir de Noël, on descendait quand même en douce les escaliers malgré la peur… Mais on riait tellement après ces incursions interdites ! Un soir, on a enfermé à clef les parents dans le salon pendant qu'ils regardaient la télévision. Morts de rire, on est partis se coucher, mais on s'est endormis comme des bienheureux.

En grandissant, je crois que je l'ai beaucoup saoulé parce que je lui racontais tous mes secrets, mes soucis ou mes amours. C'était un garçon, et plus jeune que moi, mais on était tellement proches… Il trouvait toujours des solutions à mes problèmes. Des solutions à la Maxime ! Pas toujours les plus réalisables, mais mes secrets avec lui étaient bien gardés ; il n'était pas du genre à aller cafter aux parents. »

Parce que l'émotion affleure lors de ce passé revisité, Véronique se lève pour préparer des cafés, faire une pause. Je la suis dans la cuisine, et ça la fait sourire…

« Quand Maxime venait à la maison, me raconte-t-elle, il disait toujours : "Comment ça va, M'man… Qu'est-ce qu'on mange, M'man ?" Puis il me demandait un café et me suivait partout dans la maison ; j'allais dans la buanderie faire une lessive, j'allais dans la cuisine… Il était toujours derrière moi. Il parlait beaucoup à certains moments. Il était comme ça Max, en général plutôt taiseux et parfois – quand il avait envie de parler – une vraie pipelette ! En 2021, on le voyait moins car il était pris par sa vie professionnelle et ses occupations personnelles. Ses visites à l'improviste pour boire un petit café ou manger nous manquaient beaucoup. D'ailleurs, il disait : "Je suis devenu un peu sauvage." Il y a eu les vacances d'été et cette dernière opex, avant laquelle nous n'avons pas pu nous dire au revoir. C'est un très grand regret. Pour clore cette triste année, le 4 novembre, la mère de mon mari nous a également quittés pour le rejoindre, de l'autre côté de la rive. »

C'est avec des cafés et des albums photo que nous retournons autour de cette table de la salle à manger. Je me demande si Maxime s'asseyait là où je suis assise. Géraldine m'affirme qu'il n'y avait pas de places attitrées… Ça tournait, les chaises, chez les Blasco !

« Ici, on a ri, on s'est disputés, on s'est réconciliés… Il se passait toujours quelque chose. »

Géraldine a retrouvé le sourire. Elle me décrit chaque photo avec amour. « Qu'est-ce qu'il était beau mon frère ! Regarde un peu ses grands yeux, avec ses longs cils… » Ils me confient des photos pour le livre. De si jolies photos, c'est vrai. Quelques-unes sont là… Géraldine me montre aussi une vidéo qu'elle adore. On y voit Maxime, son fils Ethan et la fille de Géraldine, sa nièce Lucie. Ils sont tous les trois allongés sur un grand lit. Et ils font un concours à celui qui pédalera en l'air le plus vite. Maxime est devenu papa… Il est au milieu, et il rit, il rit encore. Plus fort peut-être que les enfants.

Géraldine a les larmes aux yeux. Moi aussi. Au détour d'un autre album photo, nous repartons vers le passé et l'enfance de Maxime. Véronique me montre une magnifique petite fille. C'est Justine, la petite dernière, née dix ans après Maxime, en 1996. Aujourd'hui elle n'est pas là, dans la maison familiale de Varces, pour évoquer son grand frère. Justine fait ses études à Paris. Je la rencontrerai dans quelques semaines. Au fil des ans, la complicité de la fratrie se renforce. Maxime est pour sa petite sœur un héros, un modèle, bien avant de le devenir pour ses camarades commandos montagne…

Le choix de la vie militaire

Maxime pousse les limites. L'adolescent rebelle se cherche, il exaspère et séduit. Il désobéit, aussi. À l'école, il fait le minimum ; il donne tout à ses amis, en commençant par sa loyauté et sa fidélité. À la maison, c'est plus compliqué, mais il a toujours la confiance de ses parents.

« Quand il était ado, Max a eu plusieurs fois des soucis avec les gendarmes de notre commune, explique Jean-Marc. Une fois, c'était parce que son scooter faisait du bruit. Il leur a expliqué que le moteur n'était pas trafiqué, qu'il était d'origine, mais qu'une pièce était cassée. Les gendarmes ne l'ont pas cru quand il a dit que j'avais pris rendez-vous pour le faire réparer et ils voulaient le verbaliser. »

Maxime a 15 ans, et c'est encadré par deux gendarmes qu'il arrive à la maison. Véronique les voit approcher, son cœur de mère se serre. Elle se demande ce qu'a fait son fils. Mais le jeune ado est droit dans ses bottes. « Même s'il était un peu rebelle, explique Véronique, il avait demandé aux gendarmes de le suivre jusqu'à chez lui pour que son père confirme sa version des faits. Il connaissait tous les chemins et aurait pu les semer, mais non, il les a attendus pour qu'ils l'accompagnent à la maison. Donc il avait aussi un côté droit. »

Jean-Marc confirme qu'un rendez-vous a bien été pris pour régler le problème du scooter. Mais l'un des gendarmes a quand même verbalisé Max en disant : « Je ne suis pas mère Teresa ! » Une réponse qui a exaspéré le père de famille, policier de surcroît ! Cette fois-ci, le jeune garçon disait vrai, et cette histoire est devenue dans la famille l'exemple de l'injustice. « Max ne supportait pas l'injustice, ça le rendait fou. Au fond, derrière ce caractère impétueux, il était vraiment quelqu'un de gentil. Une personne avec qui on ne s'ennuyait jamais ! »

Maxime quitte le lycée après une seconde générale. Il ne sait pas vraiment vers quel métier se diriger, mais il adore cuisiner. Il rejoint alors le Clos d'Or, une école d'hôtellerie et de pâtisserie. Sa maman se souvient : « À l'époque où il était pâtissier, je ne peux pas dire qu'il était fou de pâtisserie, mais c'est sûr qu'il aimait bien manger. Et il était plutôt salé que sucré, étonnamment. Je me souviendrai toujours quand il mangeait quelque chose de bon, il chantonnait en même temps ! Et à 6 ou 7 ans, il disait : "Je serai karatéka-cuisinier", il voulait de l'action et il était aussi un bon vivant. »

Le jeune garçon est gourmand, mais déjà très sportif. Il pratique le kick-boxing, un sport de combat où il excelle puisqu'à 12 ans seulement, il devient champion de France junior dans sa catégorie. À 20 ans, il se lance dans le kyokushin ; en japonais cela signifie « école de la vérité ultime », c'est la base des techniques de karaté. Les combats seniors se déroulent au KO, sans protections.

« Il s'est pris de passion pour cette discipline et s'est inscrit à une compétition, raconte sa mère. Il est parti à Barcelone pour des rencontres importantes de kyokushin. On lui a dit : "Mais, tu vas te faire tuer !" Pour son combat, il s'est retrouvé face à un Serbe d'1,90 m alors que lui faisait 1,65 m parce qu'il n'y a pas de catégorie de poids ou de taille. Malgré cela, il s'est bien battu. À 25 ans, après s'être engagé dans l'armée, il s'est mesuré à des compétiteurs de boxe thaï. »

À 19 ans, Maxime se met en couple avec Alexandra. Il l'a rencontrée dans la boulangerie où il travaille, elle a deux ans de plus que lui, elle est vendeuse. Elle va l'encourager à trouver sa voie, parce qu'elle sent bien qu'il a d'autres ambitions que la pâtisserie. Il lui parle de son rêve de devenir tireur d'élite, d'intégrer les Forces spéciales. Pour l'heure, ses combats, il les mène sur sa console, il ne connaît rien à l'armée. Mais qu'importe, Alexandra le prend au sérieux et l'accompagne dans un forum sur les métiers de la Défense.

Ensuite, il faut annoncer la nouvelle à des parents plus que dubitatifs sur cet engagement. « Moi, je l'ai regardé avec des yeux ronds, se souvient Véronique, en disant : "Comment peux-tu vouloir aller à l'armée alors que tu ne supportes pas l'autorité parentale. Tu nous fais quoi là ?" Il m'a répondu : "Maman, tu ne vas pas m'obliger à être pâtissier toute ma vie." J'ai vu sa tête et je me suis dit, toi… tu es décidé ! »

Son père essaye un peu de le dissuader : « Bah pourquoi tu n'irais pas plutôt dans la police ? Tu restes civil, tu es libre… » Rien n'y fait, comme pour le sport, Maxime est décidé, et rien ni personne ne le fera changer d'avis. Comme il ne voulait pas quitter Grenoble, l'option du 7e BCA s'avère la plus facile et il réussit à intégrer les chasseurs alpins. Il a trouvé son élément.

Véronique, sa maman se souvient que son fils se fait tatouer peu après avoir signé avec l'armée. « Il s'est fait faire plusieurs tatouages. Le plus important à ses yeux était celui du Joker, personnage emblématique de Batman, qu'il adorait avec son rire un peu fou. Je ne connaissais pas grand-chose à l'armée, mais je peux dire qu'il portait très bien l'uniforme, il était très beau en tenue ! »

Géraldine, la grande sœur, est aussi surprise que ses parents du choix de carrière de Max. « Au départ, je n'ai absolument pas compris, parce qu'il avait vraiment beaucoup de mal avec l'autorité quand il était gamin. Quand on jouait aux gendarmes et aux voleurs, il était toujours dans le camp des voleurs et quand on jouait au chat et à la souris, il était la souris ! »

Mais c'est son choix et, comme ses parents, elle va l'accepter. « Les années passant, il m'a confié beaucoup d'histoires, je trouvais ça hallucinant ce qu'il vivait. Je n'aurais jamais imaginé que mon petit frère vive des choses pareilles. Il avait un courage immense. »

Depuis tout jeune, Maxime confiait en secret à sa sœur aînée qu'il avait le sentiment qu'il ne vivrait pas vieux, mais qu'il voulait vivre intensément.

Le baptême du feu

L'armée, comme une évidence : Maxime a trouvé sa place ! Les salles de classe du lycée sont déjà un lointain souvenir, et pas le meilleur. La pâtisserie, on va dire que c'était une transition. Désormais, on l'appelle Blasco plus souvent que Maxime. Il se pose enfin, s'impose aussi. Il est le plus petit, mais très vite il va devenir le plus fort, mentalement, physiquement et psychologiquement. Il pratique le kick-boxing et un peu de boxe anglaise, et va bientôt passer au sport à haute dose avec la musculation, comme bien d'autres militaires. La course, le cross fit, les poids de plus en plus lourds… Au fil des années, cela devient une addiction, en France et à l'autre bout du monde.

Maxime a 25 ans quand il signe pour la vie militaire. Il s'affine, se muscle, se motive. Il sera tireur d'élite. Il va passer tous les tests, les formations, bosser comme jamais pour être le meilleur. Et il va le devenir. Il se rêvait « *american sniper* », et sur les photos, quelques années plus tard, il finit par ressembler à l'acteur du film, fusil à lunette à la main.

Au bout d'un an au bataillon des chasseurs alpins, l'heure arrive de la première opération extérieure. Max est prêt, impatient de se confronter au réel de la guerre.

Nous sommes en juin 2014, la RCA, la République centrafricaine, est à feu et à sang. C'est la troisième guerre civile en quelques années qui déchire le pays ; les milices musulmanes de la Séléka affrontent les groupes d'autodéfense chrétiens et animistes, des anti-balakas. Les exactions se multiplient aussi envers les civils, le pays est submergé par les haines ethniques. En décembre 2013, au plus fort des violences, une résolution de l'ONU autorise le déploiement d'une mission des Nations unies, appuyée par la France, pour tenter de stabiliser la situation.

Maxime découvre la guerre. Pendant cette mission, il se fait remarquer parce qu'il sauve un camarade. Sous le feu, il retourne chercher un blessé, au péril de sa vie. Parce qu'il est comme ça, Maxime, jamais il n'abandonne un camarade.

C'est un sauvetage dans des conditions très périlleuses. Ça tire de partout, et il fait demi-tour dans les broussailles pour récupérer le blessé. Avec un autre militaire, il déploie la civière et installe son camarade dessus. La scène se déroule de nuit, ils portent des jumelles de vision nocturne. Ils ramènent le gars sous le feu pour rejoindre le VAB (Véhicule de l'avant blindé) sanitaire. L'équipe médicale est à l'intérieur du blindé, terrorisée par les tirs et personne n'ose sortir pour récupérer le blessé.

Jean-Marc, son père, se souvient des détails : « Maxime a posé la civière au pied du VAB pour faire feu sur l'ennemi, puis a hurlé pour qu'ils ouvrent la porte arrière du véhicule et chargent le blessé. Quand il nous a raconté l'histoire, il nous a dit qu'il avait eu très peur. Avec ses mots à lui, il a résumé le sauvetage : "Si j'avais eu une olive entre les fesses, j'aurais fait de l'huile!" Son binôme lui disait : "Protège-toi, passe derrière moi, toi tu as un enfant, il ne faut pas que tu t'en prennes une." »

Les deux soldats pensent vraiment qu'ils risquent de se prendre une balle. Mais, malgré la peur, Max s'occupe du blessé ; il lui donne de la morphine au pied du blindé en attendant que le médecin militaire le récupère. C'est son baptême du feu, un moment difficile physiquement et psychiquement à cause des risques.

Au retour, il dira à sa mère : « Franchement, pour une première opération extérieure, c'était trop dur ! Une opex comme ça devrait arriver en deuxième mission sur un terrain de guerre. Se prendre ça dans la gueule, c'était vraiment pas évident ! »

Le blessé s'en est sorti. La balle avait quand même traversé les intestins et fait pas mal de dégâts. Mais Maxime n'a pas été refroidi par sa mission. Il n'a pas hésité et est reparti très vite pour de nouvelles opérations.

Un autre jour, il est en première ligne pour ouvrir le chemin à son groupe et il est inquiet parce que la végétation est très haute ; elle le dépasse, il n'a pas de visuel sur ce qu'il se passe. N'importe quel milicien peut sortir à tout moment de cette végétation luxuriante et le surprendre. Il a avoué, plus tard, qu'il s'est demandé ce qu'il faisait là.

« À l'époque de la Centrafrique, il nous racontait beaucoup plus de choses que par la suite, au Mali. Tout cela était très nouveau pour lui, mais à mesure des missions, il devenait de plus en plus taiseux, de plus en plus dur. Il était très exigeant avec lui-même et aussi avec son fils. Si le petit râlait parce qu'il n'avait pas le bonbon qu'il voulait, il lui disait qu'il avait vu des enfants souffrir et qu'il n'avait pas le droit de se plaindre pour des choses si dérisoires », raconte Véronique.

Maxime a vu des enfants estropiés, mais aussi des massacres, des corps mutilés. Sa famille le rappelle à l'ordre pour qu'il garde les pieds dans la vraie vie. Il est en France, son fils est encore un enfant, il a le droit de bouder parce qu'il n'a pas un bonbon au coca, mais un bonbon à la fraise.

« Je le remettais à sa place, justifie sa maman. Même s'il avait vu toute la misère du monde… il devait comprendre que la vie sur le terrain et celle d'ici ne devaient pas fusionner ! »

Alexandra, sa compagne, le ressent aussi. « Il se forgeait de plus en plus une carapace. Il nous racontait les conditions très rudimentaires de ses missions. Dormir dehors, manger des rations de combat, prendre une douche avec une seule bouteille d'eau ou encore aller faire ses besoins dans des trous avec des mouches partout qui "lui collaient aux fesses". »

Le monde des opex est un autre monde. Maxime était un garçon pudique, mais il a perdu cela avec l'armée. Son échelle de valeurs, de confort se modifie ; désormais, il apprécie les choses simples et essaye de faire comprendre à ses proches le précieux bonheur d'avoir de l'eau courante, de l'électricité… et une douche !

Un comportement qui exaspère sa grande sœur : « Il devenait très exigeant à son retour car il ne supportait pas qu'on se plaigne pour des petits détails. Il me disait : "Arrête de faire ta chichi-pompon." Il est devenu assez dur envers nous. Il ne se plaignait jamais pour des petites choses du quotidien. Il me disait toujours : "Il y a plus grave dans la vie." »

Maxime est choqué de voir que dans des pays comme la Centrafrique, il n'y a pas de respect pour la vie. C'est à son retour de cette première opex qu'il devient parfois sévère avec son fils, mais il se réjouit que son petit bonhomme soit né en France. En revanche, lui qui l'a côtoyée de près ne comprend pas pourquoi en France, on refuse la mort. « Il faut l'accepter », disait-il.

La Violence et la Mort

Maxime a tué des ennemis, mais de cela, il ne parle pas avec sa famille. C'est un sujet tabou. Personne ne lui pose de question, par pudeur. Il est militaire, il peut donner la mort ; il peut aussi la recevoir. Il a signé et il est conscient que, dans son métier, l'engagement comprend le sacrifice ultime.

Géraldine est mal à l'aise avec cela : « Une fois, il m'a fait regarder une vidéo sur YouTube, une vidéo de guerre. C'était un soldat américain qui avait une GoPro sur lui et il se prend une balle. C'est sa mort qui est filmée, ce soldat a filmé sa propre mort. J'ai trouvé cela terrible ! J'ai demandé à Maxime : “C'est quoi, ce truc ?” Il m'a répondu : “Bah c'est un soldat américain qui, en opération, se prend une balle et qui meurt.” Cette vidéo m'est revenue à l'esprit avec la mort de Maxime. C'est juste la même histoire, un soldat qui se prend une balle et qui meurt. Il est mort comme ça… Quand on regardait cette scène, je lui avais dit : “Maxime, tu te rends compte que je ne peux pas regarder ce genre de vidéos ?” J'avais les larmes aux yeux. J'étais bouleversée. Cette vidéo me hante aujourd'hui parce que j'ai l'impression de voir ce qu'il a vécu au moment de mourir, comme ce soldat américain. Je me demande ce qu'il a vu exactement avant de rendre son dernier souffle. Est-ce qu'il a souffert ? Est-ce qu'il a eu le temps de comprendre ? »

Maxime, dans ses messages, ne fait jamais mention du risque de mourir. Il parle des cadavres qu'il a vus, des civils qui paient le prix lourd dans les conflits, victimes de massacres. Il est révolté par la violence aveugle des djihadistes au Mali. Bouleversé, encore et toujours, par le décès des enfants.

Quand il part au Mali, le silence parfois imposé par la mission est pesant pour ses proches. Ils sont en attente permanente de ses nouvelles. Géraldine lui envoie régulièrement des messages, mais quand il tarde à répondre, elle panique. Peut-être est-il sur la base de Gao, en train de faire de la musculation ? ou en train de boire une bière à la popote ? Alors pourquoi ne prend-il pas le temps de répondre ? Elle se raisonne : il doit être allongé dans le désert, en pleine opération, l'œil dans le viseur de son fusil à lunette.

Pour la famille, en France, le temps est si long. La mission de quatre mois est interminable, ponctuée de moments de stress intenses. Ils regardent les informations à la télévision, mais pas trop.

« Maxime finissait toujours par répondre, en dédramatisant, raconte sa sœur, en me disant : “T'inquiète, tout va bien, Allah me protège !” Il écrivait cela parce qu'il était dans un pays musulman et absolument pas croyant. C'était une pirouette pour écarter le risque dont il se refusait de parler. »

Véronique déteste ce genre de blagues. Elle ne plaisante pas avec la mort. « Moi, je n'étais pas capable d'entendre parler de mort, ni celle des militaires français, ni celle des ennemis. C'était au-dessus de mes forces. Je ne voulais pas non plus savoir s'il tuait des gens ou pas. S'il était amené à tuer, cela m'inquiétait. Car c'est une chose de tirer, mais c'est encore autre chose de savoir comment on va vivre cela, *a posteriori.* »

Une fois, elle a tout de même une discussion plus générale sur la mort avec son fils. « Maxime me disait : "Tu sais Maman, la mort fait partie de la vie. On est nés pour vivre et moi j'ai choisi de le faire intensément. La mort, il faut l'accepter." J'ai compris qu'il avait eu une réflexion profonde sur l'engagement, les risques, sur le sens de la vie et de la mort. J'ai réalisé que mon enfant était devenu un homme et qu'il était serein face à ces questions. »

Géraldine, elle, a pu lui parler du risque de mourir et du droit qu'il avait de tuer. « Parce qu'on parlait de tout ensemble. Pour lui, la justification de tuer des terroristes, elle se trouvait dans les attentats commis en France. Il m'avait beaucoup parlé du Bataclan et il me répétait qu'on devait pouvoir aller faire la fête dans une salle de concert sans se prendre une balle et terminer sur un tas de cadavres. Aller traquer les terroristes pour qu'ils ne viennent pas commettre des massacres chez nous, ça donnait du sens à son engagement. »

Max a une passion pour le tir, mais aussi pour l'art de la guerre. Il se bat pour une cause et pour des principes. Tous les militaires que j'ai suivis au Mali, lors de mes nombreux reportages, ne se sentent pas directement concernés par la lutte contre le terrorisme. Ils patrouillent, ratissent le désert à la recherche des ennemis, mais pas avec l'idée chevillée au corps de pourchasser ceux qui pourraient frapper la France. Maxime, lui, parle de liberté, au Mali et en France. Il pense que dans ce désert malien peuvent agir des gamins radicalisés de France ou d'ailleurs. Chaque jour, il a le sentiment de protéger sa famille, ses amis et les Français.

Géraldine se demande si ça vaut le coup de mourir pour la Centrafrique ou le Mali, mais elle n'ose pas poser cette question à son frère. Elle ne veut pas lui porter malheur. Mais elle insiste : Maxime était un guerrier, un combattant, un sniper, mais profondément touché par le sort des populations locales. « Il était bouleversé par la souffrance des populations, notamment en Centrafrique. Il me parlait de la pauvreté et du désespoir des enfants. Il me disait : "Tu mets un bonbon au milieu de quatre gosses en Centrafrique, et des machettes, eh bien tu ramasses les doigts après." Symboliquement, il y avait une violence même chez les plus petits. Il m'a raconté aussi que des soldats français qui étaient avant lui en Centrafrique avaient vu le corps d'une femme lapidée en plein centre-ville abandonné dans la rue, et qu'ils n'avaient rien pu faire. Soi-disant parce qu'elle avait fauté avec un voisin. »

Des histoires terribles à entendre qui tournent dans la tête de la grande sœur inquiète pour son frère adoré. Elle traque, à ses retours d'opex, les signes d'un éventuel syndrome de stress post-traumatique. Elle le sait fort, solide psychologiquement, mais personne n'est à l'abri. Elle s'est renseignée : « Il appréciait le sas de décompression à Chypre qu'il faisait avec ses camarades avant de revenir d'une opex. Il voyait des psychologues, et même si ce n'était pas trop son truc de confier à un médecin son potentiel mal-être, il passait par là, et c'était une bonne chose, ça me rassurait ! »

La violence à laquelle Maxime est confrontée, Jean-Marc la comprend, l'imagine, plus que les autres membres de la famille. Lors de sa carrière dans la police, il a vécu des scènes insoutenables, fait face à des menaces, évité des coups. « Je pense, dit-il, que Maxime avait la capacité d'encaisser des situations très difficiles. Il était secoué, je le sentais parce qu'il me disait qu'il faisait parfois des cauchemars, mais il avait toujours la force de repartir. »

Après le crash de l'hélicoptère au Mali, après son séjour à l'hôpital militaire de Percy en région parisienne, Maxime rentre à Grenoble. Géraldine, qui vit en Savoie, prend des jours de congé pour venir voir son frère, ils se retrouvent chez leurs parents.

« Je retrouvais mon frère miraculé, mais tellement pudique que je n'arrivais pas à trouver les mots pour lui dire mon bonheur de le voir en vie et ma fierté de savoir qu'il avait sauvé ses camarades… Je me suis assise à côté de lui, sur le petit banc devant la maison. Il n'est pas très tactile, mais après quelques minutes de silence, je l'ai embrassé sur la joue. Pas d'effusion, ni de gros câlin… juste un baiser pour lui faire comprendre que je l'aimais. Nous sommes ensuite restés longtemps silencieux, assis sur ce banc, épaule contre épaule. Je ne voulais pas trop en faire de peur qu'il me dise d'arrêter les violons… Puis j'ai réussi à lui dire que j'avais eu si peur de le perdre. Pendant quelques secondes, j'ai senti sa carapace fondre… »

Géraldine me raconte ce moment, assise sur le même banc devant la maison. Elle est émue à l'évocation de ce souvenir et de la pudeur de son frère. Elle regarde la montagne, le ciel est infiniment bleu et un rayon de soleil caresse son récit.

« On a encore regardé le paysage, en silence mais heureux, ajoute-t-elle avec douceur, et après un long moment, il s'est mis à tout me raconter. Il m'a dit qu'il avait eu peur, qu'il s'était vu mourir. Moi qui suis une pipelette, je me suis tue et je l'ai écouté longuement. Passionnément. »

Nouveau départ au Mali

Après son crash au Mali, Max demande à ses camarades d'arrêter de dire qu'il est un héros, mais rien n'y fait. Les commandos le charrient, font des montages vidéo et photos en reprenant les images de films de guerre américains : *Le Faucon noir* avec Maxime Blasco… tourne sur les groupes WhatsApp. Un humour qui cache l'inquiétude immense qu'ont eue les commandos montagne qui étaient au sol quand l'hélicoptère s'est crashé.

À Varces, au 7e bataillon de chasseurs alpins, Max le miraculé continue les missions, les entraînements au tir. Il a repris une vie normale, celle d'un commando montagne. Le qualificatif de héros, il finit par s'en moquer. Il regarde vers l'avenir, Max. Il pense à sa prochaine mission.

Ses deux amis les plus proches sont « le Grand Max » et Alexis. Ils étaient au Mali quand Blasco s'est crashé. Avec eux, il a connu plusieurs fois l'épreuve du feu. Max comptabilise sept opex, plus que ses amis.

Le Grand Max rencontre Maxime Blasco en 2015 pendant leur formation de commandos. Pendant ces trois mois et demi, ils partagent tout, ils dorment dehors, creusent des trous, rampent dans la boue, partagent des rations de combat.

Ils apprennent l'autonomie et l'exigence, et ça matche tout de suite.

« On s'est trouvé, on s'est soudé, raconte le Grand Max. Moi je mesure 1,88 m et lui faisait 1,65 m. On nous a tout de suite surnommés le Grand Max et le Petit Max. Mais c'était un grand bonhomme… Il donnait tout pour ses amis, sauf quand il repartait chez lui. Là, c'était l'ours qui retournait dans sa grotte. Ça m'énervait parce que, quand je l'appelais, il ne répondait jamais tout de suite. Il fallait le relancer. Mais je sais qu'il pensait à nous, c'est juste qu'il ne donnait pas souvent de nouvelles quand il était en permission. Il avait un peu sa vie à la maison, et sa vie au bataillon ou en opex. À part ce petit côté casse-pieds, c'était un super copain. »

Max est tireur d'élite, plus qualifié que le Grand Max. Quand Blasco part pour ses stages de tirs, son ami s'entraîne en montagne. Mais, en dépit de parcours différents, les deux commandos se retrouvent à chaque fois au 7e BCA. Leur amitié, née pendant le stage commando, va durer jusqu'à la mort de Max. Ils vont faire plusieurs opex ensemble. La première, c'est en septembre 2016, au Mali.

Dans les missions précédentes, notamment en Afghanistan, le GCM avait un rôle sensiblement différent. Beaucoup de missions de renseignement, des déplacements de nuit, mais peu de contacts directs avec l'ennemi. Au Mali, le GCM travaille désormais en direct avec l'ALAT pour des missions très opérationnelles. L'objectif : aller « au contact » pour traquer les terroristes. Le travail de renseignement est fait en amont par d'autres et quand l'ennemi est repéré, les commandos montagne embarquent dans les hélicoptères pour être déposés « sur zone », souvent à très court préavis.

« Depuis 2016, précise le Grand Max, on est toujours “au contact”, on peut même parler parfois de combats au corps à corps. Les terroristes, on les voit dans le blanc des yeux. On se retrouve nez à nez avec eux. C’est le conflit au Sahel qui provoque cela, parce qu’en Afghanistan, les commandos étaient souvent sur le flanc d’une montagne à tenter de débusquer l’ennemi sur l’autre versant. Et souvent les talibans étaient invisibles. En tout cas, les gars avaient bien du mal à les voir ! »

Lors de cette première opex ensemble au Mali, les PRAP (Patrouilles de recherche et d’action en profondeur) en sont à leurs débuts. Les commandos sont parfois sous le feu, mais les combats rapprochés sont rares. Cela deviendra plus systématique lors des opex suivantes, où le Grand Max sera encore sur le terrain avec Maxime Blasco. Mais le Grand Max fait un autre choix de carrière, en retournant à l’école pour passer sous-officier. « Après, j’ai un peu regretté. J’aurais dû rester caporal-chef et faire toutes les opex avec Max. Quand on est à Gao et qu’on voit la stèle qui a été faite pour Max après sa mort, et qu’on voit toutes les missions inscrites, on ne peut qu’avoir du respect pour sa carrière militaire. Aujourd’hui, j’ai le cœur serré, je me dis que j’aurais pu être plus souvent avec lui, même si j’étais à ses côtés sur sa dernière mission, celle où il a trouvé la mort. C’est un regret, cela m’aurait permis de profiter plus encore de lui. Mais je ne pouvais pas savoir que le temps lui était compté. »

En 2016, Alexis, le troisième larron, passe les tests pour devenir commando. Il rencontre les deux Max l’année suivante, et c’est en septembre 2017 qu’il part avec eux en opex au Mali. Il est le plus jeune des trois, mais s’intègre parfaitement au groupe. Ils vont devenir inséparables, des amis.

« Les missions se sont enchaînées, raconte Alexis avec enthousiasme, on était à fond. Vraiment dedans. Ce n'est qu'au retour en France qu'on réalisait qu'on avait fait des opérations assez dingues. C'était chaud parfois... On était contents de se dire qu'on pouvait faire ce genre de missions, que nous étions à la hauteur. »

Une mission en particulier les a beaucoup marqués. Elle était destinée aux forces spéciales du COS (Commandement des opérations spéciales), mais il n'y avait pas les équipes disponibles à ce moment-là, et c'est vers les commandos montagne que les chefs se tournent. L'objectif est de mettre la main sur une HVT (*Hight value target*), c'est-à-dire une cible de la plus haute importance, souvent des chefs djihadistes. La mission n'est pas dans la région de Gao, mais au nord du Mali, à Kidal.

« Nous sommes contents de nous dire qu'on va faire une mission que devaient assurer les forces spéciales. On nous a appris ça alors qu'on sortait d'une séance de musculation à Gao. On nous dit : "Allez les gars, ça part à Kidal..." raconte le Grand Max. On a fait nos sacs en crash et nous sommes partis pour le nord. Une fois arrivés, nous en avons appris plus sur la mission. On a fait la maquette de la maison où nous devions intervenir et répété les derniers ajustements. Chaque mec a un rôle précis et sait exactement ce qu'il doit faire et à quel moment. »

Il faut investir une maison et capturer vivants ses occupants, dont le chef djihadiste présumé. Dans une petite maison à côté, il y a sa femme et son bébé. Et il fait nuit noire, tout le monde dort à cette heure-là. L'opération est délicate, des gardes se trouvent dans la cour. Il faut agir vite. Les deux Max sont en binôme. Alexis fait un schéma avec les deux maisons et les pick-up devant, selon les renseignements qui leur ont été communiqués. « On réajuste tout cela encore une fois, puis on essaye de se reposer un petit peu avant de partir. Mais clairement, tu ne peux pas parce que tu es à fond dans la mission. Il n'y a que Max qui arrivait à se détendre avec du AC/DC dans ses écouteurs ! »

Ils partent avec un détachement du génie, font plusieurs haltes pour faire croire qu'ils effectuent une patrouille ordinaire, puis arrivent sur l'objectif. Ils se positionnent en colonne d'assaut. « Le génie pose une première charge sur le portail, poursuit Alexis, mais le portail n'explose pas dans un premier temps. Il faut poser une seconde charge pour le faire céder. Les deux Max entrent en premier, en tête de “stick”, moi je suis juste derrière avec la colonne, encore en protection derrière le mur. »

Il y a deux entrées. Max avance rapidement avec son binôme dès l'explosion du portail. Alexis est juste derrière avec son équipier. « Une fois que le génie a plastiqué le portail, poursuit le Grand Max, on voit les quatre mecs qui étaient dans la cour, mais notre cible se trouve à l'étage ! »

Les deux équipes communiquent par gestes tactiques. « Juste après le boom, explique Alexis, on intervient au “Go, go, go !” Il y avait Max Blasco en tête, puis le Grand Max derrière. Les deux Max arrivent et, dans la foulée, je traverse avec mon binôme. Et là, on se coordonne pour entrer tous les quatre. Ceux qui étaient devant la porte sont choqués ou blessés. Il y en a un qui avait un bout de portail dans le dos. Leurs armes sont par terre, à côté d'eux. D'entrée, on les tient en joue et après c'est, comme on dit, *manu militari*.

Il faut les conditionner vite, saisir leurs armes, les maîtriser avant que d'autres combattants ne viennent les aider. On les fouille vite fait et on les pousse à l'arrière pour que le deuxième groupe les récupère. Nous, on avance et on voit que notre cible à l'étage est sortie sur une petite terrasse. On le pointe avec le laser et on le garde en joue. »

La mission est un succès. L'effet de sidération a joué, l'équipe des commandos montagne n'a pas tiré un coup de feu. Personne n'a été tué et la cible est capturée vivante, c'était l'objectif; il peut livrer des renseignements précis sur la sphère djihadiste dans la région de Kidal. « On a retourné toute la maison et trouvé une quantité énorme d'armements. Pour nous, c'était une mission réussie! Une mission avec un grand M », conclut le Grand Max.

Aujourd'hui, Alexis a 28 ans, six ans de moins que Maxime Blasco. Cette mission en janvier 2018, à Kidal, les a encore rapprochés. « Nous, dans ce métier, on est venus chercher ce genre de mission, avec de l'action et de l'adrénaline! » Humainement, le courant passait déjà et c'est avec énormément d'affection qu'Alexis évoque Maxime. « On partageait le même humour, la même autodérision. Je voyais en lui un petit bouledogue attachant, qu'on ne pouvait qu'aimer. C'est un homme qui avait la hargne, qui ne lâchait jamais rien, il me bluffait! »

À peine rentrés en France, ils repartent tous les trois pour le Mali en mai, avec au programme ces fameuses missions « au contact » avec l'ennemi, les PRAP. Leur mode d'action sur le terrain change, ils accompagnent les GAS (Groupes armés signataires) ou encore des gars du MNLA, des anciens rebelles qui ont signé les accords de paix. Ce sont des missions de renseignement, d'action. Ils partent débusquer les terroristes ! Les trois amis se retrouvent sous le feu à plusieurs reprises.

« En juin 2019, quand Max se crashe en hélico, nous on était au sol, justement en train de faire une opération de ce type, raconte Alexis. Le drone avait repéré des mouvements ennemis dans une forêt à une heure de vol de Gao. Avec le Grand Max, on était à la popote en train de se détendre un peu. Il était 21 heures, et moins d'une heure plus tard, nous sommes dans les hélicos pour être déposés sur zone. À ce moment-là, Maxime était en alerte à Ménaka avec l'équipage de la Gazelle. À peine arrivés sur place, on se retrouve dans des combats très violents, les balles sifflent. On est à quelques mètres des gars, c'est presque du combat au corps à corps. »

Pas le temps de se poser de questions, ils y vont. Il faut oublier le poids des équipements et la fatigue, ils sont là pour combattre les terroristes et ça va durer toute la nuit. Ils ratissent la zone, avancent, puis reculent. L'ennemi se retranche dans deux sous-bois.

« On a des lunettes de vision nocturne, explique le Grand Max, mais eux ont l'avantage de connaître chaque centimètre carré de leur terre. Un combattant est retranché avec une mitrailleuse lourde et on fait appel au drone pour qu'il largue une bombe, il faut à tout prix le neutraliser. On se met à l'abri à un peu moins de 200 mètres, ce qui est la limite. On est allongés avec Alex, la tête baissée derrière nos musettes, mais au moment où la bombe GBU touche sa cible, je regarde au-dessus de mon sac à dos. C'est une scène de film, une énorme détonation, des flammes, j'ai l'impression qu'une météorite vient de tomber devant nous. »

Tout de suite après, ils vont « au résultat » pour vérifier si la cible est bien neutralisée. Et avancer dans une situation comme celle-là avec des ennemis planqués dans les arbres qui peuvent faire feu à tout moment, c'est quelque chose de compliqué. Quand le soleil se lève enfin, certains combattants commencent à se rendre.

« Mais l'ATL2, qui survolait toujours la zone, repère d'autres ennemis un peu plus loin, poursuit le Grand Max. Nous partons dans la direction indiquée, et très vite, nous voyons une colonne de fumée. Le jour s'est levé, nous n'avons pas entendu le bruit d'un crash, mais en levant la tête dans le ciel, on voit tout de suite que la Gazelle où se trouve Max n'est plus là. Les rotations et tirs des autres hélicos au-dessus de nos têtes sont bruyants, c'est pour cela que nous n'avons pas entendu le crash. »

Quelques minutes auparavant, Alexis a vu l'hélico de Max faire une passe de tir pour neutraliser un ennemi. Il comprend tout de suite que c'est Max qui s'est crashé avec son équipage.

« On est plus d'une dizaine de commandos à cet endroit, se souvient Alexis, et décision est prise de nous diriger vers le lieu du crash. C'est assez loin de nous mais on fonce, quitte à mettre nos vies en danger. On fait quelques centaines de mètres quand on apprend que l'hélicoptère Tigre va se poser pour tenter de récupérer l'équipage qui a survécu au crash. Du coup, on stoppe notre avancée pour faire une bulle de sécurité et protéger le Tigre qui va être très vulnérable au sol, à proximité de l'ennemi. On ne sait pas dans quel état est notre ami. Est-il bien vivant ? Sérieusement blessé ? On a le cœur qui bat la chamade… »

Le Tigre se pose et les deux commandos se rappellent que deux jours auparavant, à Gao, un pilote d'hélicoptère de combat leur a expliqué qu'il existait une procédure d'urgence pour évacuer des blessés qui avait pour nom « le Tigrex ». Une extraction sur le train d'atterrissage de l'hélicoptère, juste au-dessus des roues, dangereuse, mais qui peut être salvatrice !

« Moi je ne connaissais pas cette procédure, avoue le Grand Max. Je n'en avais même jamais entendu parler, ce qui m'inquiète, c'est que Maxime était déjà à Ménaka et pas avec nous à Gao quand on a entendu parler de cette manip d'extraction. J'espère qu'il la connaît ou qu'il va avoir l'idée de faire ça parce que, sans cela, les pilotes de l'hélico ne pourront pas s'en sortir, c'est à peu près sûr ! »

Quelques minutes plus tard, ils voient passer le Tigre qui ne vole pas vite. Pas possible pour eux de regarder la scène en détail parce qu'ils sont en train de sécuriser la zone, et il ne faut pas se laisser distraire justement au moment où l'ennemi pourrait faire feu sur le Tigre qui vole à une altitude assez basse.

« On ne voit pas vraiment Max accroché sur l'ailette du Tigre, ni les deux blessés arrimés sur les patins du train d'atterrissage. L'hélico passe un peu dans notre dos pour se poser plus loin, à l'arrière, dans un lieu sécurisé. Quand j'entends que l'hélicoptère est posé, je me retourne et cherche des yeux Maxime… Je crois l'apercevoir debout, une clope au bec… et je me dis, Waouuuuh… Il est bien vivant ! Il est sauvé ! »

Les commandos montagne qui se sont battus toute la nuit n'en reviennent pas.

« On se dit clairement que Max est un miraculé, sourit Alexis. Quand on voyait la fumée de l'hélicoptère crashé, on se disait : mais comment on va retrouver notre pote ? Au final, nickel, le Max ! »

Le troisième jour après l'accident, après avoir été rapatrié et soigné à Gao, Max est même venu boire une bière à la popote avec eux. C'était juste avant son rapatriement vers la France. Il n'en avait pas vraiment le droit, mais il est quand même sorti avec des béquilles. Ensuite, le Grand Max et Alex ont fini sans lui cette mission, et ils ont retrouvé leur ami un peu avant la fin de l'opex, lors du sas de décompression en Crète. Maxime Blasco avait eu l'autorisation de sa hiérarchie de rejoindre là-bas ses camarades. Une façon de boucler ensemble la mission.

« Un an plus tard, on repartait au Mali avec Blasco, conclut le Grand Max. Je n'ai pas été surpris plus que cela qu'il veuille repartir, et si vite après le crash. Il nous avait dit que s'il lui arrivait un truc grave, alors il arrêterait, il ne repartirait pas. Mais voir partir ses potes et rester, c'est trop difficile ! »

Max m'a parlé du sens de la mission, de la fraternité, de l'adrénaline. Le choix d'une vie, le choix de sa vie. « C'est pour tout ça que je repars ! » m'avait-il dit. Maxime, ou la force tranquille. En apparence en tout cas, parce qu'il se pose quand même des questions. Sera-t-il à la hauteur après ce qui lui est arrivé ? Comment va-t-il se sentir quand il remontera dans un hélicoptère ? L'appréhension est là, mais elle va vite s'envoler. Maxime gère quand il embarque à nouveau sur un hélicoptère de l'ALAT. Il décide, en son âme et conscience de soldat, de repartir… Comme avant !

La mort de Max

Maxime Blasco n'aurait pas dû être là, au mauvais endroit, au mauvais moment. Il n'était pas prévu sur cette opex. Mais pour celui qui a déjà cinq missions au Mali à son actif, pas question de rester loin de l'action. Il s'est inscrit sur une liste de militaires prêts à partir sur court préavis. Dans le jargon militaire, cela s'appelle « La Régénération » ; ce sont tous les volontaires qui peuvent être appelés en cours d'opération extérieure.

À Gao, un des tireurs d'élite a un problème à l'œil. Le commando doit rentrer en urgence en France et, pour le remplacer, le chef des GCM pense tout de suite à Maxime Blasco. Il était le seul tireur d'élite disponible à ce moment-là et le colonel Sylvain n'hésite pas un instant. « Je le savais apte à remplir rapidement tout type d'opération, au sol ou comme tireur embarqué à bord d'un hélicoptère Gazelle. Il remplissait tous les critères d'efficacité et de connaissance du terrain. »

À l'été 2021, l'ennemi public numéro 1 de Barkhane au Mali, c'est l'EIGS et les commandos déployés sur le terrain multiplient les actions d'aéro-combats et les PRAP.

Max rejoint la base de Gao le 7 septembre, cinq semaines après ses camarades arrivés le 1er août pour quatre mois d'opération extérieure. Dès le 12, il est engagé sur une escorte à bord d'un hélicoptère Gazelle. Au Mali, chaque hélicoptère de transport est escorté en opération, soit par un Tigre soit par une Gazelle, avec, à son bord, un tireur embarqué pour assurer la sécurité du déplacement.

Le 18 septembre, Max part avec une équipe pour une reconnaissance de zone de frappe aérienne. Sur place, ils découvrent un fusil d'assaut étranger avec un chargeur plein et une optique de nuit sophistiquée. Cela signifie que celui qui le portait ne peut être qu'un chef terroriste. Mission accomplie pour Max et les autres militaires impliqués dans cette opération. Tous savent désormais que dans la zone, il y a du lourd…

L'opération suivante est lancée le 24 septembre. Au CO (Centre opérations) de Gao, c'est une cinématique habituelle. Un drone Reaper français survole et observe les mouvements de ceux que les miliaires appellent les GAT (Groupes armés terroristes). Les hommes repérés sont lourdement armés et la décision est prise de lancer une frappe par le drone, qui va tirer une bombe de type GBU.

« Je décide d'envoyer sur zone mon sous-groupement de commandos montagne, dont Max, explique le colonel Sylvain, pour aller confirmer au sol les résultats de la frappe. Ils étaient en alerte depuis trois jours pour des missions de ce genre. »

Le drone appartenant à l'Armée de l'air et de l'espace, il s'agit donc d'une opération interarmées. Les commandos vont être héliportés par le GTDA (Groupement tactique désert aéromobile) qui dirige l'opération.

Le capitaine Xavier, chef de section des commandos, va prendre les infos au GTDA. Il veut savoir l'objectif de la mission, mais aussi le nombre d'hélicoptères disponibles pour décider du nombre d'équipiers qu'il va embarquer. Le commandement vient de le biper quelques minutes auparavant. Xavier est à son troisième et dernier jour d'alerte. « Quand je me suis réveillé à 6 heures, je me suis dit : "Zut, on ne nous a toujours pas appelés", et là, j'ai reçu la communication sur mon talkie-walkie. Et franchement, je suis content car on est là pour ça, pour l'action. Je réveille tout le monde et je dis à mon groupe de commandos qu'ils se préparent vite, qu'on part aux hélicos. »

Pendant ce temps, le chef des GCM étudie la faisabilité de la mission et les risques, avec les commandants de l'Armée de l'air et de l'espace qui sont basés à N'Djamena, au Tchad. Le temps de préparation et de décision est d'environ 45 minutes. Le feu vert est donné.

« Sur certaines missions, précise Xavier, j'ai refusé de partir parce qu'il n'y avait pas assez de moyens, j'estimais que ce n'était pas suffisant pour notre sécurité. Là, nous avons trois hélicoptères Caïman, deux pour transporter mes hommes, et un pour notre cellule de commandement. Je mets quatorze commandos par hélico parce que j'ai les capacités pour le faire, et sur ce genre d'opération, mieux vaut trop que pas assez. Je décide aussi de prendre le maître-chien avec nous. Il montera avec son chien dans l'hélico de commandement. »

À 8 h 30, les hélicoptères décollent de Gao.

La zone d'intervention se trouve dans la région dite des trois frontières entre le Mali, le Burkina Faso et le Niger ; précisément à 50 kilomètres de Boulikessi, dans le Gourma. En plus du module commando au complet, soit trente-cinq hommes, trois HMA (Hélicoptère de manœuvre et d'assaut), deux hélicoptères d'attaque Tigre sont aussi déployés sur l'opération.

Dans le ciel, le drone Reaper français survole le périmètre après avoir largué une bombe GBU. L'équipage drone a annoncé deux « *killed in action* », c'est-à-dire deux ennemis qui ont trouvé la mort dans la frappe, et la présence de trois à quatre motos avec des djihadistes. Ils mettent aussi en garde l'équipe des commandos sur la présence d'ennemis retranchés sous couvert végétal, dans un bosquet, à quelques centaines de mètres du point d'impact de la bombe.

« Arrivés sur place, avant les commandos, les deux Tigre confirment la présence de motos, précise le colonel Sylvain, chef des GCM, dont une qui flambe encore après la frappe. Mais ils ne peuvent confirmer les deux ennemis abattus car ils ne voient aucun corps au sol. La bombe a peut-être pulvérisé les corps, ce ne serait pas la première fois que cela arrive. »

Environ 1 h 30 après le largage de la bombe, les commandos sont déposés à environ 700 mètres du bosquet. Suffisamment loin pour ne pas être pris à partie par l'ennemi retranché dans le bois. Le capitaine Xavier et ses hommes ont pour mission de reconnaître la zone de frappe et d'aller traquer les terroristes cachés dans la végétation. D'après les informations qu'il a reçues, il pense avoir dans la zone entre quatre et huit combattants armés. Sa mission est claire : réduire l'ennemi.

Le chef de la section des commandos a affecté deux de ses tireurs d'élite sur les hélicoptères Gazelle aux postes de tireurs embarqués. C'est le poste qu'avait Maxime quand il s'est crashé deux ans auparavant, dans cette même région des trois frontières. Pour cette mission, il a décidé que Max serait déployé au sol, dans un souci d'égalité, pour faire tourner, que tous puissent faire des missions de tireurs embarqués.

Max est ravi d'être en opération au sol avec ses frères d'armes. Depuis son accident, les missions des tireurs d'élite à bord des hélicos sont moins intéressantes. Avant, les équipages traquaient les djihadistes à très basse altitude ; depuis son crash, les consignes sont de voler un peu plus haut.

Ce 24 septembre au matin, après trois jours où il ne se passait pas grand-chose, tout le monde est au taquet, content de partir en opération. Mais les derniers engagements n'ont pas été de tout repos, à chaque fois il y a eu « contact », c'est-à-dire des échanges de tirs avec l'ennemi.

Le capitaine Xavier résume l'ambiance : « Nous sommes motivés, concentrés, tout en ayant à l'esprit que cela peut être chaud. Je n'ai pas d'appréhension particulière et surtout je me refuse à imaginer que l'un de nous pourrait ne pas revenir de cette mission. Dans notre métier, il n'y a pas de place pour les idées noires. Cela pourrait nuire à notre concentration et donc à la mission. »

Les hélicoptères Tigre sont encore à la manœuvre. Ils tirent au canon de 30 mm sur la zone où l'ennemi est retranché. Les commandos se dirigent un peu plus loin vers l'endroit où une moto a été touchée par la bombe larguée par le drone, et potentiellement deux ennemis ont été tués. Maxime et les autres commandos progressent prudemment et fouillent tout autour de la moto calcinée, mais ils ne trouvent aucun corps.

Xavier, le chef de section, en déduit qu'il y a plus d'ennemis « vivants » que prévu ! Il demande à ses hommes d'évoluer en « escargot », un déplacement en cercles de plus en plus en plus serrés pour être sûr qu'il n'y a pas de menace dans le sous-bois où ils évoluent.

« Quand on s'apprête à terminer l'escargot, on tombe sur une cache avec un lance-roquette, des munitions et un fusil d'assaut. Un lance-roquette, c'est de l'arme lourde et ce n'est pas si courant dans la zone, donc mes sens sont en alerte. Je me dis qu'on a en face de nous un groupe costaud ! »

À ce moment-là du récit, le capitaine a la gorge qui se serre et il réprime un sanglot. Après un silence, il poursuit :

« On fait les photos de l'arme selon nos procédures habituelles, puis on la récupère. Manu, le chef de groupe, m'annonce qu'il y a un gros talweg qui fait vraiment une tranchée de la taille d'un homme et qui se trouve à peu près face à son dispositif. Et que ce fossé creusé par les pluies semble courir jusqu'au bosquet où sont cachés les ennemis. »

Le capitaine décide de décaler un groupe de ses commandos vers la gauche pour avoir la tranchée face à eux, en point central. Max et son binôme Gégé sont en première ligne, ils avancent très prudemment. Aucun ennemi n'est visible.

« Pourtant un combattant est bien là, retranché dans cette aspérité du terrain et il lâche une rafale de kalachnikov. Max et Gégé qui ont vu l'ennemi ripostent immédiatement, mais le tireur se cache à nouveau avant de tirer une deuxième rafale depuis sa position défensive. Max est touché. Il tombe… Il a eu le temps de vider son chargeur pour tenter de neutraliser l'ennemi ! »

Tout s'est passé très vite, quand Max a repéré l'ennemi, il a fait un décroché sur sa droite pour tenter de le prendre à revers et a fait feu dans sa direction. L'homme était en position défensive, peu visible, et c'est lui qui a touché Max d'une balle au niveau de la gorge. Le capitaine Xavier est alors à une vingtaine de mètres derrière Maxime. Il le voit tomber à terre, ainsi que son binôme Gégé. Il ne sait pas si ses hommes sont vivants ou morts, et il se dit : « Putain, mais détruisez-le ! »

« Je ne comprends pas pourquoi ça met autant de temps, explique le chef de la section. Je ne panique pas, mais comme Max ne bouge plus, je comprends qu'il est gravement touché et je me dis qu'on va tous y passer, que ça va être un carnage. »

Il prend la décision d'avoir recours au maître-chien et lui donne l'ordre d'envoyer Pukhet sur l'assaillant. Les tirs ne sont pas à flux tendu, à ce moment-là, le tireur embusqué s'est à nouveau dissimulé dans la tranchée.

« L'ennemi n'a rien à perdre. Plutôt que de rester à découvert et de mourir bêtement, il attend le bon moment pour faire feu à nouveau et tuer le plus possible de militaires français. Son objectif, c'était forcément d'en avoir le maximum… »

Le chien fonce vers la tranchée, mais ne trouve pas tout de suite l'ennemi. Il revient vers son maître et c'est Gégé qui indique l'endroit où il pense que l'homme se dissimule. Le chien repart et cette fois attaque le combattant. C'est là que Gégé et le maître-chien montent sur la position et abattent l'ennemi qui a toujours les armes à la main.

Dès qu'il est sûr que l'assaillant est neutralisé, Gégé court vers Max et voit une grosse mare de sang. Il met son doigt sur le trou au niveau du cou, pour essayer d'arrêter l'hémorragie. Gégé appelle le Doc. Le médecin est alors à côté du capitaine Xavier, à une dizaine de mètres derrière. Il fonce vers Max avec deux soldats qualifiés pour « le secourisme au combat ». Ils font des points de compression et commencent un massage cardiaque. Ils tentent tout pour sauver Max. Mais c'est déjà trop tard. Max est mort.

Le Grand Max et Alex, les meilleurs amis de Maxime, ne sont pas loin, surpris par les détonations. « On progressait vers l'aspérité du terrain et j'avais ordre de tirer avec mon groupe si on voyait quelqu'un de retranché dans ce talweg. Et là je découvre que c'est le groupe de Max – qui approchait d'un autre côté – qui a tiré. Je me dis, merde, pourquoi ce n'est pas nous qui ouvrons le feu ? »

Dans un premier temps, Alex ne s'est pas rendu compte qu'un commando est touché. Il se retourne et cherche des yeux ses amis. Il ne voit aucun des deux Max et comprend en voyant un homme à terre que l'un d'eux est touché. Il devrait rester sur sa position, mais rejoint le groupe autour et voit que c'est le Petit Max qui est à terre. « Le Doc est à son chevet en train de gueuler : "Max, Max, réponds !" Il a les yeux légèrement ouverts, il est tout blanc, il regarde dans le vide. Je pense qu'il était déjà mort. »

Les larmes coulent sur les joues d'Alex et c'est le Grand Max qui poursuit :

« Moi, j'ai juste entendu dire "Blessé ami", mais à ce moment-là, je ne sais pas que c'est Blasco qui est au tapis ! Je devais garder mon secteur pour éviter le suraccident ! »

Alex, sous le choc, repart à sa place pour sécuriser la zone qui lui avait été attribuée. Il a laissé le médecin et le capitaine Xavier au chevet de son ami. Il va avec ses collègues « coiffer la zone », c'est-à-dire dépasser largement le lieu des tirs pour repérer d'autres mouvements ennemis et faire une bulle de sécurité à 360 degrés. Les commandos se trouvent alors à 300 mètres du bosquet où sont cachés d'autres combattants. Le médecin confirme au chef de section que « c'est fini pour Maxime ».

« Je me disais, relate Xavier, les larmes aux yeux, qu'on avait de super médecins, qu'ils allaient le tirer d'affaire, qu'à chaque fois on s'en sortait bien, qu'il n'y avait pas de raison pour que cela se passe mal aujourd'hui. La confirmation de son décès me fait l'effet d'un coup de massue. Sur le coup, c'est très dur à encaisser, c'est vraiment terrible. »

Dans les films, les gars poursuivent l'action. Mais ici, à ce moment précis, il y a des larmes, des cris. C'est la sidération.

Le chef de section doit reprendre très vite ses esprits, se ressaisir. Il appelle le colonel Sylvain à Gao, le chef des GCM, pour lui annoncer le décès de Maxime Blasco. « Mon supérieur me demande comment je vais gérer la récupération du corps. L'hélicoptère sanitaire est déjà déclenché, il a décollé de Gao pour venir sur notre position. »

Les amis de Max sont toujours un peu plus loin, en bulle de sécurité. Ils n'ont pas encore la confirmation officielle du décès de leur copain. Ils se disent que le gars qui s'est crashé deux ans auparavant sous leurs yeux ne peut pas avoir pris une balle et mourir. De tout leur cœur, ils veulent le croire blessé et ils surveillent plus que jamais tout mouvement ennemi qui pourrait venir perturber l'évacuation de Max.

Le Grand Max jette un œil vers le Doc : « Je vois le médecin qui fait un massage cardiaque à Max et là, c'est le choc. Je comprends qu'il est entre la vie et la mort, et qu'il est peut-être même en train de mourir. »

Max est emmené sur une civière vers l'hélicoptère sanitaire. Ses amis comprennent que tout est fini quand ils se posent à leur tour à Gao et qu'il y a beaucoup trop de monde à leur descente d'hélicoptère. Max est mort, ils le voient sur les visages de leurs camarades venus les accueillir. Alex et le Grand Max s'effondrent. Ils voient Pat, le commando qui dirigeait au sol l'opération deux ans auparavant, quand Max s'était crashé. Pat est un dur, il est en larmes.

Ses amis veulent voir Max une dernière fois. Ce n'est pas la procédure habituelle mais qu'importe, ils sont prêts à défoncer la porte si on ne les laisse pas entrer. Au rôle 2, la structure médicale où a été emmenée la dépouille de Maxime, on les laisse entrer. Ils le voient. Son visage a été nettoyé, sa blessure pansée. Il est beau, paisible.

Quand il revient sur cette journée du 24 septembre 2021, Sylvain fait part de sa souffrance et de sa responsabilité de chef qui pèse. C'est l'homme plus que le colonel qui parle : « À chaque fois qu'on effectue un mandat comme ça, on sait qu'on part tous mais que malheureusement on ne va peut-être pas tous revenir… Aujourd'hui, je culpabilise d'avoir fait appel à lui parce qu'il laisse une femme et un enfant. Parce qu'il n'est jamais revenu de cette mission ! »

L'annonce de la tragédie

La femme de Maxime, ou plutôt sa compagne, car ils n'étaient pas mariés, s'appelle Alexandra. Je vais la rencontrer, quatre mois après le décès de son conjoint.

Avec appréhension, bien sûr.

Nous avons d'abord communiqué par message. J'y ai mis toute la douceur que l'on peut mettre dans les mots que l'on adresse à une jeune femme devenue veuve à 36 ans, parce que son homme est mort à la guerre.

Ils ont un fils, Ethan, âgé de 8 ans.

Alexandra a tout de suite accepté mon projet de livre sur Maxime. Elle se dit heureuse de pouvoir parler de lui, favorable à cet hommage. Elle a vu notre documentaire « Nuit d'enfer » où Maxime racontait avec pudeur son crash d'hélicoptère au Mali. « C'était un très beau reportage », me dit-elle.

Quelques jours plus tard, je pars pour Grenoble. Nous sommes le 20 janvier 2022, et c'est Véronique qui m'accompagne chez sa belle-fille. Après les présentations, elle nous laisse toutes les deux, elle ne veut pas trop s'immiscer dans l'intimité de son fils avec sa compagne.

Je suis un peu désarçonnée par le sourire d'Alexandra. Elle est belle, rayonnante. Ses longs et lisses cheveux noirs lui donnent un air de madone. Elle est chaleureuse, me reçoit avec beaucoup de simplicité et de gentillesse. « Maxime n'aurait pas aimé que je m'effondre, m'explique-t-elle très vite, alors je tiens pour lui, pour notre fils. » Je sens chez elle un amour tranquille chevillé au corps et un courage porté en étendard.

La glace est vite brisée, on se tutoie, et nous nous installons toutes les deux sur le grand canapé d'angle du salon, « là où Maxime passait des heures à jouer aux jeux vidéo, de préférence des jeux de guerre et de tirs. Il était très fort à Battle Field et à Call of Duty », me précise-t-elle avec ironie.

« Nous nous sommes rencontrés en 2006, j'étais vendeuse à la boulangerie *Chez Florent* et Max était pâtissier ; c'est dans le quartier de la Tronche à l'Île verte près de l'hôpital, au nord de Grenoble. J'ai tout de suite accroché avec lui... Il y avait un lien fort entre nous, on s'est taquinés, on riait beaucoup ensemble mais, à l'époque, il était en couple, donc on se voyait sur le lieu de travail et le soir chacun rentrait chez soi ! »

Mais le week-end de l'Ascension, une amie commune organise quelques jours de vacances et lui annonce qu'elle a aussi invité Maxime. C'est la première fois qu'ils partent ensemble tous les trois. Les quatre jours au Cap d'Agde se déroulent à merveille, entre fêtes et fous rires. « On n'arrêtait pas de déconner, on avait le même humour et on ne va pas se mentir, il me plaisait beaucoup. » Le dernier soir, Maxime a un accident de voiture. Rien de très grave, mais il ne peut rentrer comme prévu et Alexandra décide de ne pas le laisser seul. Elle prolonge le week-end à ses côtés alors que leur amie retourne à Grenoble. C'est ce soir-là qu'il lui dit qu'il était séparé de sa copine.

Maxime Blasco face aux caméras de *13 h 15 le samedi*, avant notre entretien où il va me raconter le crash de la Gazelle. À Chambéry, en juin 2020.

Maxime dans les bras de sa maman, Véronique, en 1986.
Puis l'ado de 17 ans avec Justine, sa petite sœur.
Et le jeune homme de 20 ans avec son père à Varces, et ses sœurs – à gauche Géraldine et à droite Justine.

La famille Blasco réunie pour le réveillon de Noël en 2013.

Entraînement des deux commandos montagne. Le Petit Max est debout, le Grand Max à genoux !

Préparation avant un nouveau départ en opex au Mali, en juin 2020 à Chambéry, avec les commandos GCM.

Maxime avec des soldats maliens.

Départ pour une PRAP. Maxime et son fusil de tireur d'élite, avec « Mémé » sur le pick-up.

En opex au Mali. De gauche à droite : Maxime, Alexis et « Mémé ».

De g. à d. : le Grand Max, Alexis, le Petit Max. Moment intense : Alex, surnommé « Gueule d'ange » par Maxime Blasco, doit couper son bouc.

La passion des tatouages.

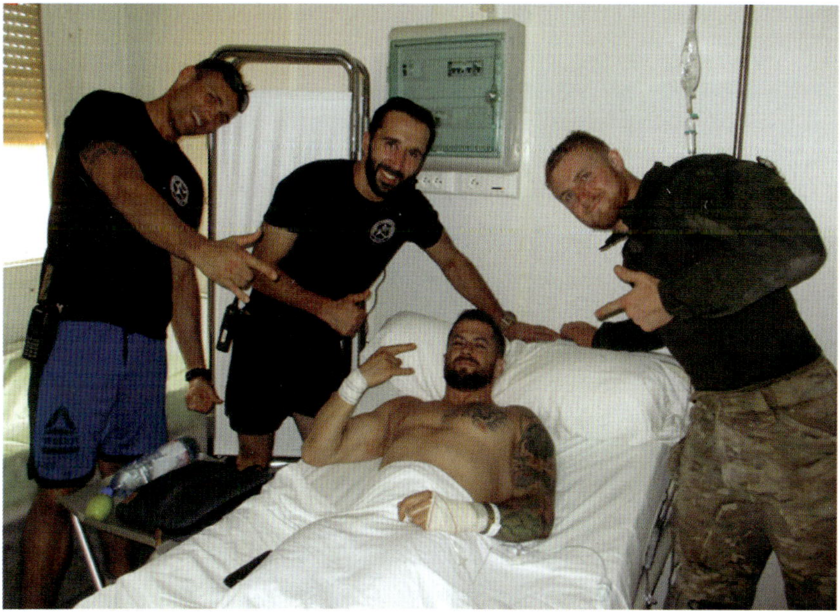

Au rôle 2, à Gao, où il a été pris en charge après le crash de la Gazelle. Maxime est entouré par ses camarades commandos. De gauche à droite : David dit « Beautiful Dave », Mémé dit « Le trépaneur du Liptako », Max dans le lit et Harry.

Justine Blasco et son fiancé Dorian entourent Maxime au mont Valérien lors de la remise de la médaille militaire, le 18 juin 2021.

Max avec ses parents.

À l'issue de la cérémonie avec le président de la République, Emmanuel Macron, qui lui a remis la médaille militaire pour « la valeur exceptionnelle de ses services ».

Promenade en famille au parc, en juillet 2019. Maxime, Alexandra et Ethan.

Photo-souvenir à Paris.

Ethan et son papa pour une pause tendresse.

Sur le pas de tir à Chambéry en juin 2020. Maxime s'apprête à repartir au Mali. Il ira six fois en opex sur l'opération Barkhane.

« Quand il m'a dit qu'il était célibataire, il y a eu un premier baiser... J'avais 21 ans et lui 19. Notre histoire a commencé le 28 mai 2006. Très vite, il m'a déclaré sa flamme, et il m'a dit qu'il m'aimait. On avait tous les deux des tempéraments très forts donc, forcément, il y a eu des moments un peu chauds. Mais du jour où il est venu s'installer chez moi, on ne s'est plus jamais quittés. »

Tu étais la femme de sa vie ?

Je ne sais pas si j'étais la femme de sa vie, mais entre nous tout a été très vite, comme une évidence...

Les années passent, le jeune couple galère un peu professionnellement. Alexandra a quitté son poste de vendeuse à la boulangerie. Max est toujours pâtissier, mais il rêve d'autre chose. Chacun leur tour, ils connaissent des périodes de chômage, alors pas question d'avoir un enfant tout de suite, sans la stabilité économique. Ils attendront six ans. Alexandra travaille comme auxiliaire de vie, avant de faire une nouvelle formation pour devenir assistante dentaire, le métier qu'elle exerce toujours quand je la rencontre.

À quel moment Maxime te parle-t-il de l'armée ?

Je ne sais pas si cela l'a influencé, mais il aimait beaucoup jouer à la console... Il voulait devenir tireur d'élite. Et pour faire cela, on arrive vite à la conclusion que le plus simple, c'est l'armée. Son métier de pâtissier commençait à lui peser. Il travaillait les jours fériés, il se levait très tôt... Pour avoir une vie, c'était compliqué !

Un jour, ils se promènent à Grenoble dans un centre commercial. Alexandra voit un forum de l'armée. Elle pousse Maxime à y entrer pour se renseigner. Tout est parti de là. Au départ, Maxime hésite entre l'Armée de l'air, les parachutistes, mais très vite il va se diriger vers les chasseurs alpins. Le 1er août 2012, il intègre le 7e BCA et fait ses classes en compagnie de combat. Après, quand il doit choisir sa spécialité, Maxime s'oriente vers « tireur de précision » pour ensuite passer au cran au-dessus, comme tireur d'élite.

La même année, Alexandra tombe enceinte et donne naissance à leur fils Ethan, le 9 juillet 2013. Cela fait sept ans que le couple est ensemble. Maxime devient papa à 26 ans. À la maison, ce sont des rires, à n'en plus finir.

« Max était drôle, blagueur, taquin. Il mettait en permanence une bonne ambiance à la maison. Son côté joyeux et pétillant illuminait les vies… Les nôtres et celles de ses amis. Le matin, quand il avait bien dormi, il était surexcité, il n'arrêtait pas de faire le clown et je lui disais : "Arrête un peu, tu me fatigues !" ; et il me répondait : "Arrête de dire que je te fatigue, je te fais rire !" Par exemple, il était en train de cuisiner et il me disait : "Allez viens, on danse…" C'était toujours des petites choses comme ça qui pimentaient le quotidien. C'était quelqu'un de vraiment attentionné… »

Maxime est heureux. En famille et dans son choix de carrière. Il est rentré facilement dans sa nouvelle peau de militaire. Il est prêt à partir en opex. Il a hâte, même. Maxime décolle avec ses camarades vers Bangui. Peut-être a-t-il une certaine appréhension ? Ce qui est sûr, c'est qu'il va découvrir la guerre pour la première fois et une bien sale guerre, avec son cortège d'atrocités.

Alexandra voit son homme quitter la maison, elle est sereine, confiante. L'ancien pâtissier part pour ce qu'il rêve de faire depuis toujours. Elle est derrière lui : « Il est parti au mois de juin, un mois avant les 1 an d'Ethan, notre fils. Avec cette mission, il a raté aussi ses premiers pas et mes 30 ans, mais je ne lui en voulais pas parce que tous les deux, on savait ce qui l'attendait en s'engageant. Ce choix, on l'avait fait ensemble. On s'appelait chaque jour, je lui envoyais des vidéos de notre fils, plein de photos aussi, et je lui racontais toutes nos petites choses du quotidien. Avec les appels vidéo, il était toujours un peu avec nous. »

Maxime patrouille dans Bangui, la capitale centrafricaine qu'il découvre, toujours sur ses gardes. Les rues sont vides : avec la peur, les habitants se terrent chez eux. Sur les bas-côtés, parfois, il y a des cadavres que personne n'ose ramasser. La guerre est là, invisible et omniprésente, à chaque coin de rue. La guerre est là, aussi, dans ces rafales d'armes automatiques qui claquent du côté de PK 5, un quartier qu'il vaut mieux éviter.

Puis il part avec son groupe en mission dans des zones plus reculées, plus dangereuses encore. Un jour, ils sont pris à partie. Pour Maxime, c'est le véritable baptême du feu, mais il est bien formé, sûr de lui, et il fait ce qu'il doit faire. Sans hésiter. Son chef lui demande de retourner sous le feu chercher un camarade blessé. Cette histoire, Maxime l'a racontée ensuite à ses parents, en avouant que « ça canardait dans tous les sens, que c'était très chaud », et il a dit la même chose, avec plus de détails encore, à sa femme

« Étonnamment, dit Alexandra, il n'a pas été plus traumatisé que cela par cette expérience. Je suis persuadée que Maxime était fait pour ce genre de terrain. Cela ne lui a pas fait peur et cela ne l'a pas empêché de continuer. Mais au fur et à mesure des opex, cette violence l'a changé, l'a blindé, l'a endurci. Il s'est formé une espèce de carapace, il s'est renfermé. Il a perdu son insouciance… »

Quatre mois en RCA, une première opex difficile qui le marque, comme tous les militaires français qui sont partis là-bas. En même temps, il découvre quelque chose de précieux : la fraternité d'armes. Avant l'armée, il avait déjà ce sens exacerbé de l'amitié. Max, il faisait tout pour ses amis. Il va tout faire aussi pour ses camarades sur les terrains de guerre. Et il ne perd pas son humour, même si c'est parfois d'un goût douteux, comme ce que me raconte Alexandra : « Il me faisait souvent des blagues quand il était en opex. Une fois, il me téléphone : "J'ai un truc à te dire : je suis à l'hôpital, j'ai pris une balle." Et il m'envoie une photo de lui sur son lit picot [lit de camp militaire], mort de rire ! Je lui ai dit : "Ne me refais pas ça, c'est vraiment pas drôle." Quand il s'est crashé en hélico, il m'appelle en me disant : "J'ai eu un accident, on s'est crashés avec notre hélicoptère, mais tout va bien" et je lui réponds : "Oui, bien sûr, c'est ça…" Et là il continue : "Mais non, je te jure, c'est vrai… Et ne t'inquiète pas parce que ça va." Et il m'a envoyé une photo où il était avec les perfusions ! »

Le retour après le crash est difficile à vivre pour Max qui a laissé ses amis sur le terrain et rentre avec le sentiment de ne pas avoir fini la mission. Il tourne alors un peu en rond entre les quatre murs de l'appartement, loin du Mali. Alexandra lui dit que ce qu'il a fait en sauvant ses camarades est extraordinaire, mais il bougonne et affirme, une nouvelle fois, que tout le monde aurait fait la même chose !

« Peut-être tes amis proches, lui répondait Alexandra, mais je mets ma main à couper que tout le monde n'aurait pas fait ce que tu as fait après ce crash. Beaucoup de gens, dans ce genre de situation, auraient pensé à sauver leur peau avant leurs camarades… Mais il n'arrivait pas à comprendre ! »

La peur, il n'en a jamais vraiment parlé, juste de l'appréhension de remonter la première fois dans un hélicoptère. Alexandra n'est pas surprise que son homme reprenne le chemin des opex et du Mali. Elle respecte son choix et garde son inquiétude pour elle. Le rythme est soutenu. Maxime est devenu un tireur d'élite très compétent, doué et apprécié. Il a la tête froide, un atout dans la guerre. Après la Centrafrique, il est envoyé six fois au Mali. À chaque fois, c'est au minimum quatre mois.

Alexandra, comment as-tu appris la mort de Maxime ?

Ce jour-là, j'étais partie avec des amis en week-end à Nice et ma mère était venue garder mon fils et le chien. J'étais presque arrivée quand j'ai reçu un message vocal. J'écoute le début et j'entends que c'est l'armée. Du coup, j'ai un petit stress et je freine pour m'arrêter. Là, j'écoute tout le message. Au début, ils me disent que Maxime a eu un petit incident. Je ne leur en veux pas, c'est comme ça… et ils terminent en me demandant de rappeler.

Est-ce que les parents de Maxime en savent plus à ce moment-là ?

Non, en fait je reçois un message de Véronique qui me dit que Jean-Marc a reçu un appel de la caserne. Elle pense que j'ai un problème pour aller chercher Ethan à l'école, et elle propose d'aller chercher le petit, de s'y rendre pour 16 h 30.

L'armée s'est-elle rendue chez toi ?

Ils sont venus à notre domicile parce que c'est ainsi que cela se passe pour annoncer une mauvaise nouvelle, comme le décès d'un militaire français. Et comme je n'étais pas là, ils sont allés à la sortie de l'école et ont appelé Jean-Marc et Véronique.

Donc, tu rappelles l'armée sur le bord de la route, à une heure de Nice ?

Je me suis dit quand même que ça ne sentait pas bon, ce coup de fil… Donc je rappelle l'armée. Le militaire que j'ai au téléphone me demande où je suis et je lui réponds que je suis sur la route pour aller chez des amis à Nice. Il me demande si je peux revenir sur Grenoble et je lui dis que non, parce que je suis à une heure de route de Nice. Du coup, il n'a pas eu d'autre choix que de m'annoncer la mort de Maxime au téléphone… À ce moment-là, je suis toujours garée et il me dit précisément : « *Maxime a été pris dans une embuscade et il est décédé ce matin !* » Sur le coup je me dis que non, que ce n'est pas possible et je lui réponds, pardon ?

[Après un silence, Alexandra reprend.]

Ensuite mon interlocuteur enchaîne les phrases comme : « On va aller voir vos beaux-parents », « Rappelez-nous quand vous êtes de retour », « Voulez-vous qu'on vous envoie un militaire pour vous ramener en voiture à Grenoble ? » Ils craignaient que je ne sois pas capable de conduire… Et là, je me rends compte que les militaires vont aller voir Jean-Marc et Véronique et je me dis, merde, déjà qu'elle s'inquiète… Il faut que je l'appelle et que je la prévienne, moi !

Comment peut-on désamorcer une telle nouvelle ?

C'était déjà moi qui lui avais appris le crash en hélicoptère de Max. Je l'appelle et je lui demande s'ils sont à la maison. Elle me répond non, puis : Qu'est-ce qu'il y a ? Je lui dis juste de rentrer chez eux, que je les appelle après… Mais elle insiste : Non, dis-moi tout de suite ! Et là, je lui annonce la mort de Max… Je lui explique que je viens de recevoir l'appel de l'armée et que des militaires sont en route, et que je préférais leur annoncer moi-même la terrible nouvelle plutôt qu'ils les voient débarquer, la photo de Max dans les mains. Véronique crie… et répète : C'est pas vrai, c'est pas vrai, c'est pas vrai… Et elle raccroche. En fait, je voulais désamorcer pour que l'annonce ne soit pas trop brutale, mais finalement moi aussi j'ai été brutale.

Alexandra appelle sa mère, seule, toujours dans la voiture arrêtée sur le bord de la route, comme sa vie. Elle lui demande de ne rien dire à son fils, de l'empêcher de sortir et de voir les informations. Alexandra vient de décider qu'elle allait quand même se rendre à Nice, pour « encaisser » la mort de Max avec ses amis les plus proches. Ce vendredi noir du 24 septembre 2021, elle a besoin de soutien et n'a pas encore la force d'annoncer la mort d'un papa à un fils qui a tout juste 8 ans. Pendant ce week-end à Nice, on s'en doute, Alexandra va beaucoup pleurer.

Le dimanche, un collègue de Max passe chercher Alexandra pour la remonter en voiture jusqu'à Grenoble. La jeune veuve est entourée, elle a trouvé auprès de ses proches la force pour affronter la suite, en commençant par l'annonce de la nouvelle à son fils.

« Quand je suis rentrée, j'ai parlé très clairement à mon fils : "Ton papa t'aimait plus que tout, mais il a eu un accident et il est monté au ciel." Il m'a regardé bizarrement, alors j'ai pensé que dans son esprit c'était sans doute un peu flou, donc je lui ai dit sans détours : "Papa est mort." Ethan n'a pas réagi… Il n'a jamais réagi comme les autres enfants », me précise Alexandra.

Elle s'est toujours interdit de pleurer devant son fils, Maxime était comme cela aussi, il cachait ses sentiments. Alors le fait que son enfant ne pleure pas ne la surprend pas plus que ça. Sur le canapé, moi je retiens mes larmes. Alexandra en impose avec sa force, son calme. Sa pudeur sans doute aussi.

Il est l'heure d'aller chercher Ethan à l'école, juste à côté. Elle me propose de l'accompagner pour que je rencontre son fils. Je ne lui avais pas demandé à voir Ethan, mais c'est elle qui insiste en me disant qu'il va être content de rencontrer la journaliste qui a réalisé un reportage sur son papa. Et que peut-être, il voudra me parler.

L'école est à 300 mètres de l'immeuble. Quand il sort, Ethan se colle avec beaucoup d'amour contre sa mère qui lui demande comment était sa journée. Il lui tend un dessin et Alexandra me présente : « C'est la journaliste qui a fait le reportage sur papa quand il s'est crashé dans l'hélicoptère et qu'il a sauvé ses copains, tu te souviens ? »

Il se souvient, il me sourit. Nous rentrons chez eux et il me montre ses jouets, son hamster qui a « mangé la noix de coco qui lui servait d'échelle, donc maintenant, il ne peut plus monter dans sa balançoire ! » Derrière, beaucoup de petits soldats… Je laisse Ethan venir à moi, doucement. « Il était fort papa, il était costaud, tu as vu ? » me demande-t-il plus tard. Avant d'ajouter : « C'était le plus fort aux jeux vidéo, on y jouait tous les deux et je mettais aussi mes peluches dans le couloir et on tirait dessus avec mes pistolets Nerf avec les balles en mousse. »

Alexandra sourit et reconnaît que Winnie l'Ourson a été un peu massacré par les garçons. Ethan reste jouer dans sa chambre, je reprends la conversation avec sa maman.

« À Noël il a dit : “Papa me manque.” Ou encore : “Je suis triste mais pas trop parce que papa n'était pas souvent là.” Il a expliqué à sa grand-mère par rapport à la tristesse que ce n'est pas comme s'il avait un papa qui rentrait tous les soirs ! Une autre fois, Ethan m'a demandé : “Mais s'il y a des voleurs, comment on va faire sans papa, il ne m'a pas appris comment empêcher les voleurs d'entrer dans la maison.” Papa était plus rassurant que Maman, plus fort. J'ai vu une cellule psychologique au bataillon et, en ce qui me concerne, j'ai été très bien accompagnée après le décès de Maxime. »

Souvent, on a demandé à Alexandra comment elle faisait pour supporter toutes les absences de Maxime. « Tu ne dois pas l'aimer beaucoup pour le laisser partir si longtemps », disaient ses amies. À chaque fois, elle répondait à ceux qui ne comprenaient pas : « Justement, si je le laisse partir, c'est parce que je l'aime. Parce que je le connais par cœur. Je préfère le voir épanoui dans son boulot et le voir moins souvent plutôt que de l'avoir avec moi au quotidien, malheureux ! »

Ça représente quoi pour toi qu'il soit mort pour la France ? C'est une mention qui te donne des frissons ? qui te parle ?

Je vois surtout que j'ai perdu mon conjoint. Mais il faisait ce qu'il aimait. On dit pour la France, parce qu'il servait la

France… Moi, j'ai perdu l'homme que j'aimais, qui faisait ce qu'il aimait. Mais j'ai été touchée de voir que la France a vraiment été impactée, touchée par son décès. C'est juste dommage qu'on mette autant à l'honneur les soldats uniquement quand ils sont morts… On devrait les honorer tous, avant qu'ils ne disparaissent… Maxime connaissait les risques, mais il n'a pas signé pour mourir.

Le temps des hommages

L'hommage des frères d'armes à Gao

Le corps de Maxime est encore au rôle 2, l'antenne médicale sur la base de Gao. Le Grand Max et Alexis, ses amis, ont voulu le voir une dernière fois pour commencer à faire leur deuil ; ils sont profondément choqués, mais commencent à relever la tête pour lui organiser le plus beau des hommages au Mali, avant le départ de la dépouille vers la France.

Quand ils me racontent la scène, les deux commandos montagne sont tout juste rentrés de leurs quatre mois de mission. Ils ont fini l'opex dans la peine, mais avec à l'esprit d'honorer le souvenir de leur pote. Et il en faut du courage pour repartir se battre quand on a vu son ami partir sur une civière recouverte d'une bâche.

Nous sommes au bar du 7e BCA, un peu à l'écart de la salle principale. La pièce a été refaite, tout est en bois, avec des petites nappes rouges. Une ambiance chaleureuse, montagnarde, c'est leur univers. Nous parlons longtemps, en ce vendredi après-midi. L'heure de la fermeture du foyer est largement passée, mais le militaire responsable du lieu reste, pour nous. Enfin, pour Maxime. Il s'active à l'écart, derrière le bar, à ranger encore ce qui l'est déjà, mais il sait de quoi et de qui nous parlons. Alors qu'importe son week-end écourté. C'est aussi ça, l'esprit des chasseurs alpins, ce sentiment de fraternité que je découvre chaque jour un peu plus.

Je regarde le Grand Max, et je me souviens de Maxime Blasco. Effectivement beaucoup plus petit, mais costaud et grand par la personnalité. Je les imagine ensemble, leurs rires, leurs blagues et leurs combats contre les djihadistes. Le Grand Max est posé, calme ; la barbe lui donne l'air et la force d'un Viking.

Alexis, je l'avais déjà rencontré l'année dernière avec Maxime, pendant leur préparation avant un départ au Mali. Je le retrouve profondément marqué. À 26 ans, il porte sa souffrance avec beaucoup de dignité. Il est en treillis, mais il ressemble aux jeunes de sa génération. Ses cheveux coupés court, mais sa mèche brune préservée, ses yeux noirs, sa carrure sportive. Dans le monde civil, dans un bar, personne ne doit imaginer la vie militaire, les sacrifices consentis et le deuil vécu par ce jeune homme parce qu'un de ses meilleurs amis est tombé pour la France.

On parle du jour où Maxime a été tué, de la sidération et du manque. On rit aussi parce que Blasco avait un sacré caractère. Et on pleure parfois, parce qu'il ne reviendra pas. Les larmes d'Alex me bouleversent, je mets ma main sur son épaule de commando à l'allure invincible, pour lui témoigner de mon soutien, et de ma peine.

« À Gao, on a porté le cercueil de Max vers l'avion avant l'évacuation du corps vers Paris. » C'était lundi 27 septembre 2021, le Grand Max revit la scène. C'est un moment d'une intensité difficile à expliquer. « Ce n'est évidemment pas le moment de craquer, on doit être le plus droit, le plus élégant possible pour faire honneur à Max. Il faut marcher parfaitement au pas. Nous étions six à porter le cercueil, dont Alex et moi. Ses amis les plus proches. »

Le moment le plus émouvant n'est pas de passer devant la haie d'honneur de tous les militaires français présents à Gao et au garde à vous, mais celui où les amis de Maxime déposent le cercueil à l'intérieur de l'avion et à l'abri des regards. Le moment si intime de l'adieu au frère d'armes. « À ce moment, avouent les deux amis, les larmes coulent encore une fois… » « On le donne aux copains qui vont s'occuper de lui », résume Alex.

Le capitaine Xavier, chef de section au moment de l'opération où Max a trouvé la mort, s'arrange pour que ses commandos puissent rester à Gao jusqu'à l'hommage aux Invalides. Ils veulent tous suivre en direct la cérémonie, ensemble, depuis le foyer. Juste après cet hommage, il faut repartir en opération.

Où trouvent-ils la force de repartir, si vite après le décès de Maxime ? Dans quel état d'esprit sont-ils ? « On se dit que la mission continue, répond Alex, que cela ne peut pas s'arrêter comme cela. Si on ne se sent pas capables de repartir en mission, alors il faut rentrer en France. On se doit de continuer ce pour quoi on est venus au Mali, tout en pensant à Max. » Le Grand Max acquiesce, même s'il reconnaît que tous se sont posé beaucoup de questions. « Pendant les nuits qui ont suivi la mort de Max, on n'a pas dormi. On repensait à la scène en boucle, et plus tu es fatigué, plus tes émotions sont décuplées. » Les larmes coulent sur les joues d'Alex qui n'a pas encore fait le deuil de son ami. « C'est la première fois que j'ai pensé à la mort, à la possibilité de ma mort aussi. Je me suis dit, est-ce que je vais repartir ? Est-ce que je vais en être capable ? La mort d'un ami proche, ça chamboule tout ! »

Comment on arrive à retrouver l'impulsion après ces quelques jours traumatisants ?

Jusqu'au moment de repartir en opération et au combat, je ne savais pas si je pourrais le faire. Alors, je me suis dit, essaye de dormir un peu… tu y verras plus clair, si tu arrives à te reposer ! Et puis, je me devais de reprendre des forces pour mes autres camarades, car je pilote un pick-up, et je ne pouvais pas partir en étant éclaté pour ne pas les mettre en danger. Après plusieurs nuits atroces, j'ai réussi à dormir et j'ai décidé de repartir, je m'étais fait à l'idée de continuer la mission.

Tu repars avec plus de peur qu'avant ?

Non, on y retourne en pleine conscience. C'est le métier qu'on a choisi, c'est celui qu'on veut continuer à faire. À ce moment-là, on sait qu'il nous reste trois mois et je reconnais que c'est particulier. L'ambiance qui suit la mort de Max est très pesante. Il règne à Gao un silence morbide, même à « l'ordinaire » où nous prenons nos repas, c'est un silence de mort qui a remplacé le brouhaha habituel.

Que ce soit Alexis, le Grand Max où les autres camarades de Maxime, personne ne veut se poser la question de savoir si ça vaut le coup de mourir pour le Mali. Jamais, ils ne se demandent ce qu'ils font ici. Ou plutôt, si : leur job, le métier qu'ils aiment, qu'ils ont choisi ! De toute façon, ils se sentaient immortels.

« Franchement, jusqu'à la mort de Max, on se sentait invincibles, raconte le grand Max. Avec le sentiment qu'entourés de nos potes, il ne pouvait rien nous arriver. Hélas, avec une seule cartouche… tout s'arrête ! »

Pour les chefs de Maxime, l'émotion est là aussi. Je m'entretiens longuement dans un bureau du Bataillon avec le colonel Sylvain, le chef des GCM, et avec le capitaine Xavier, le chef de section. Le colonel a vécu la mort de Max depuis le CO de Gao, informé rapidement par son capitaine. Immédiatement, il entame la procédure qui suit l'annonce du décès d'un militaire. Une cellule de crise est mise en place en même temps qu'une « bulle de silence » pour empêcher l'information de fuiter avant que la famille ne soit au courant.

Le colonel Sylvain revient sur cette journée du 24 septembre et le moment où il attend l'arrivée du corps sur le tarmac. Il veut être à l'arrivée de l'hélicoptère sanitaire. Il pense à la famille, il a peur que le corps ne soit pas présentable et il sait combien il est important pour les proches de voir une dernière fois le corps d'un mari, d'un fils ou d'un frère. Tout dépend de la blessure.

« En fait, la balle de Kalachnikov de calibre 7.65 a pénétré la trachée juste au-dessus du gilet pare-balles. Il m'incombe de confirmer le décès, mais dans ce triste moment, je me dis que le visage de Max est épargné et que sa famille pourra lui rendre un dernier adieu. »

Pour le chef commence alors un travail d'accompagnement pour le sous-groupement des trente commandos choqués, effondrés par la perte de l'un des leurs.

« Ce n'est pas Sylvain mais le colonel qui s'adresse à eux pour qu'ils arrivent à relever la tête et aller de l'avant. Mais avant cela, je les laisse ensemble car sur le théâtre, ils n'ont pas eu le temps d'échanger, et dans l'hélicoptère non plus ! »

Une rencontre qui leur appartient, où ils se refont le film des événements pour savoir ce qui a marché et comprendre ce qui n'a pas fonctionné. Une demi-heure plus tard, les commandos retrouvent le colonel. « Cela passe par des regards, des accolades… Ensuite, mon rôle est de voir individuellement la réaction de chacun. Je parle longtemps avec Xavier, le chef de section, et Manu, le chef de groupe, les deux officiers responsables des décisions. Ils ont besoin d'être entendus et rassurés aussi. Rentrer sans un camarade, c'est pour nous tous un échec… Mais aucune erreur n'a été commise. Ils ont fait tout ce qu'ils pouvaient faire. Ce sont les lois de la guerre ! »

Le capitaine Xavier, quatre mois après la mort de Maxime, est toujours profondément marqué par la disparition de l'un de ses hommes.

« Mon obsession, c'était de ramener tout le monde à la maison. J'ai échoué. Aujourd'hui, je ressens encore une immense tristesse. J'ai perdu un de mes gars. Après son décès, je n'ai pas dormi pendant une semaine. Max avait une haute idée de notre métier et de ce que devait être le GCM. C'était un super gars, un vrai commando montagne. »

Tous ont voulu une cérémonie à Gao, à la hauteur de celui que beaucoup considéraient déjà comme un héros depuis le crash de l'hélicoptère. Un des pilotes de Tigre a joué de la cornemuse pendant le départ du cercueil vers l'avion.

« C'était très fort et ça évitait de vivre la haie d'honneur dans un silence si pesant. Un autre pilote a survolé à bord d'un Tigre la base et est resté en stationnaire au-dessus du cercueil, tout comme un hélicoptère Gazelle où était écrit le nom de Max ! Il n'a pas souffert », m'a dit Alex à plusieurs reprises. C'est le médecin qui l'a assuré de cela et c'est important pour ses amis de le savoir.

Important aussi pour eux de dire, et redire, qu'il est parti en combattant.

« Il est mort le flingue à la main. Ça sentait la poudre… »

Une cérémonie nationale

Deux jours plus tard, le mercredi 29 septembre 2021, à 10 heures du matin, dix motards de la Gendarmerie nationale ouvrent la voie au cortège funéraire. Le cercueil repose dans un corbillard noir. Il traverse, sous le soleil, le pont Alexandre-III à Paris. Sur les trottoirs, les anciens combattants bardés de médailles, les nombreux frères d'armes au garde-à-vous, et des sapeurs-pompiers de Paris en combinaison rouge, casque rutilant sur la tête. Soldats et officiers, en treillis ou en tenue de représentation. Armée de terre, Armée de l'air, Marine…

Il y a beaucoup plus de monde que d'habitude. La mort de Maxime Blasco a touché toute la famille militaire, mais aussi les Français. Les civils applaudissent l'homme qui repose dans le cercueil. Les médias ont parlé de ses faits d'armes, de sa bravoure, de son sauvetage héroïque le jour du crash de l'hélicoptère. Le fait que je consacre un documentaire à cette « Nuit d'enfer » au Mali a peut-être mis un peu plus la lumière sur lui, et je m'en réjouis. Maxime est le cinquante-deuxième militaire français à décéder au Mali. Pour la plupart, l'hommage se résume à une photo sur fond de drapeau bleu, blanc, rouge, diffusée sur les chaînes de télévision et sur les réseaux sociaux. L'hommage aux Invalides est souvent pour la sphère privée. Mais parfois, l'histoire du soldat tombé pour la France dépasse les murs de sa caserne et frappe au cœur un pays qui ne réalise pas vraiment les sacrifices consentis par ses soldats à l'autre bout du monde.

Le cortège franchit les grilles de l'entrée principale des Invalides. Dans la cour d'honneur, la famille Blasco au complet a fait le déplacement. Alexandra, son épouse, avec Ethan, leur fils de 8 ans ; Jean-Marc et Véronique, ses parents ; Géraldine sa sœur aînée, Romuald son mari et Lucie leur petite fille de 4 ans ; Justine sa sœur cadette et Dorian son fiancé. Sont venus aussi des cousins, des amis d'enfance. Tous sont soudés, mais anéantis.

Le père de Maxime Blasco a souhaité une cérémonie sans discours, tout en sobriété pour respecter l'humilité de son fils. La veille, il a été reçu par le chef d'état-major de l'Armée de terre qui lui a demandé une nouvelle fois si la famille souhaitait parler pendant l'hommage. « Il m'a dit que le discours de M. Macron était prêt. Mais j'ai dit, non, je ne veux aucun discours, je veux que ce soit très sobre. Je ne parlerai pas et je ne veux pas que le président parle. Toujours est-il que cela a été respecté, ce que j'ai apprécié. »

Dans la cour, le cercueil pénètre sur un roulement de tambour, porté par huit camarades. Le président Emmanuel Macron passe les troupes en revue avant de se diriger vers la famille. Alexandra est aux premières loges dans la cour des Invalides où est posé au centre le cercueil de son compagnon. Ethan porte le béret de son père ou plus exactement la « tarte », comme on l'appelle chez les chasseurs alpins, plus grande que le béret traditionnel. Maxime la mettait à chaque occasion, fier d'appartenir aux troupes de montagne. Les soldats du 7e bataillon de chasseurs alpins ont revêtu la tenue d'apparat blanche, immaculée, apportant comme une touche de neige sous le soleil qui baigne la capitale.

« Sergent Maxime Blasco, au nom de la République française, nous vous faisons officier de la Légion d'honneur », déclare le président Emmanuel Macron avant d'épingler la décoration sur un coussin grenat qui repose sur le cercueil. Il pose ensuite ses mains sur le drapeau tricolore qui le recouvre et s'incline quelques secondes devant le cercueil, avant de reculer et de lui faire face. Dans la cour d'honneur des Invalides retentit encore une fois : « Présentez armes », puis : « Aux morts ». Les visages sont fermés, des yeux embués, des traits tirés. Une chape de tristesse a envahi la cour d'honneur.

Alexandra, comment avez-vous vécu la cérémonie aux Invalides ?

J'ai souvent assisté à des décorations de Maxime, notamment en entendant *La Marseillaise*… Mais aux Invalides, le jour où l'hymne retentit pour lui, c'est vraiment autre chose. L'intensité est différente, là c'est un des moments où j'ai le plus pleuré. C'était profondément bouleversant. Et à la fin de la cérémonie, la *Marche funèbre* m'a littéralement « achevée ». Des passages sont d'une beauté inouïe, mais ça nous écrase, ça nous dévaste, ça rappelle tellement la mort… À ce moment, je regarde mon fils, il ne pleure pas. Il n'a pas pleuré. Il regarde le cercueil de son père.

Le cercueil sort de la cour d'honneur, suivi par Ethan, le fils de Maxime, sa maman et les proches. Véronique et Jean-Marc, ses parents, n'ont pas réussi à voir Maxime avant son départ pour le Mali. Un mauvais timing, un rendez-vous manqué, pour la première fois. Ils ne lui ont pas dit « au revoir » et les adieux sont bien sûr déchirants.

« Maxime devait venir déjeuner à la maison, il n'a pas pu, m'explique Jean-Marc des sanglots dans la voix. Ce n'est pas de l'amour que j'avais pour mes enfants, c'était de l'adoration. Il fallait qu'on le voie une dernière fois. C'est le gouverneur de Paris qui peut présenter le corps à la famille avant la cérémonie aux Invalides, mais ce n'est pas systématique ; cela dépend de l'état du corps du défunt. Nous avons vu notre fils : il était beau, paisible, dans son costume bleu marine de cérémonie. »

Géraldine n'a pas revu non plus son frère chéri avant son sixième et dernier départ vers le Mali. Elle n'a pas eu le courage d'annoncer le soir même la nouvelle à sa fille de 4 ans. Lucie a des problèmes de sommeil. Sa maman tente avec son mari de la préserver encore quelques heures. Le temps qu'elle se fasse elle-même à l'idée que son frère ne reviendra plus.

« Le lendemain matin, j'ai dit à Lucie que son tonton adoré avait eu un grave accident et qu'il avait été tué, me souffle-t-elle avec les larmes qui coulent sur ses joues. Ma fille m'a répondu : "Tonton ne pourra plus me faire danser alors ?" Ça m'a déchiré le cœur. Lucie a tout de suite compris. Je lui ai ensuite expliqué que mon frère était monté au ciel et qu'il serait toujours avec nous, même si on ne le verrait plus. »

Lucie est là, vaillante, pour la cérémonie posthume. Elle a même accompagné la famille pour la mise en bière et le dernier adieu à Maxime. Elle a voulu le voir, le toucher aussi. Une femme officier de la CABAT lui avait conseillé de ne rien s'interdire, ni pour elle, ni pour sa fille.

« Après, il y a beaucoup de questions ; elle n'a pas aimé la mise en bière et la fermeture du cercueil. Elle ne comprenait pas pourquoi il avait les yeux fermés et comment il pouvait nous voir depuis le ciel… Je lui ai expliqué qu'il ne voyait plus avec ses yeux, mais qu'il voyait avec son cœur et son âme. Je lui ai dit que l'âme c'était comme une petite lumière qui partait au ciel, dans les étoiles. »

Pendant la cérémonie dans la cour d'honneur, Lucie est restée sagement dans les bras de son père, comme touchée par la solennité des lieux et l'adieu au tonton. Quelques semaines plus tard, elle a posé une question à ses parents : « Est-ce que les copains de Tonton ont tué le méchant qui a tiré sur lui ? raconte bouleversée Géraldine. Je lui ai dit que oui, ils avaient tué le méchant. Et ce matin elle m'a dit qu'elle avait vu la petite lumière dans le ciel, celle de Max. Elle était satisfaite de la réponse. »

Véronique et Jean-Marc sont arrivés à Paris la veille de la cérémonie aux Invalides, très entourés par des militaires de la CABAT, portés par les événements, pris dans un tourbillon d'attentions, de procédures et d'émotions.

« Mon petit-fils, Ethan, avait fabriqué une boîte avec des gommettes pour mettre dans le cercueil, raconte Véronique. Alexandra a fait cuire des pommes noisettes pour les mettre dans cette boîte parce que c'est un souvenir de famille. Nos enfants se battaient à chaque fois que je faisais des pommes noisettes pour en manger le plus possible et ça se terminait toujours en bataille de fourchettes. Géraldine voulait que le partage soit équitable, elle voulait toujours qu'on les compte… Et Max nous les piquait dans l'assiette si on quittait la table. Donc, c'est un petit message personnel à Maxime ! Mais avec mon mari, on a aussi déposé une lettre à notre fils dans le cercueil pour lui dire combien on l'aimait… »

Pendant la cérémonie, les parents essayent de se montrer comme « de bons petits soldats », de rester droits et dignes en mémoire de leur fils. Surtout ne pas s'effondrer. Géraldine, sa grande sœur, se mord les joues pour empêcher ses larmes de couler. Elle serre très fort la main de sa cadette. Elle n'est pas habituée à des moments si solennels, et la cour d'honneur est impressionnante, tout comme ces dizaines de soldats au garde à vous pour son frère. Avant le début de la cérémonie, Géraldine a vu arriver des hommes et des femmes politiques ; des ministres du gouvernement, bien sûr, mais pas seulement.

« François Hollande est arrivé en mode star, me rapporte-t-elle bien après la cérémonie, il a enlevé son pardessus et il a tendu la main à un grouillot qui l'a attrapé. J'avoue que moi ça m'a fait bizarre. Il y avait une caméra sur Hollande et j'ai trouvé ça choquant : c'était vraiment du m'as-tu-vu. »

La famille reçoit en revanche avec émotion les condoléances de la ministre des Armées, Florence Parly. À l'annonce de la mort du caporal-chef Maxime Blasco, elle avait salué son courage sur Twitter avec un message qui avait touché ses parents. « Il est mort pour la France lors d'une action de combat contre un groupe djihadiste au Mali. Je m'incline devant son courage, son engagement profond au service de notre pays. Mes condoléances à sa famille, à ses frères d'armes, à nos armées endeuillées. »

En ce jour d'honneurs posthumes, tous sont touchés aussi par l'émotion visible du président de la République. Après la cérémonie, dans la cour des Invalides, les proches sont dirigés vers un salon avec le chef d'état-major de l'Armée de terre. Emmanuel Macron arrive quelques minutes plus tard, encadré par ses gardes du corps.

« Je lui ai parlé comme s'il n'était pas président ; il a fait signe à ses gardes du corps de partir et j'ai senti qu'il était vraiment touché par la mort de Maxime. Emmanuel Macron devait rester 20 minutes, il est resté deux heures avec nous, raconte Jean-Marc encore ému. La ministre des Armées a aussi décommandé ses rendez-vous ; il faisait nuit quand elle est partie. »

Véronique se sent un peu perdue dans ce grand salon. Le président s'est assis au milieu de la pièce et la douzaine de personnes présentes, dont les proches, se sont naturellement installées en rond autour de lui. La mère de Maxime laisse Alexandra sa belle-fille rapprocher son fauteuil de celui d'Emmanuel Macron pour s'entretenir un long moment avec lui ; elle préfère rester en retrait.

Un peu plus tard, le président se lève et prend Véronique dans ses bras. « "Prenez le temps de faire votre deuil", m'a-t-il dit, chuchote Véronique un peu gênée. Il a répété : "Prenez le temps de faire votre deuil", sur un ton presque fraternel. Je crois qu'il a vu que j'étais perdue. Je ne savais pas quoi lui dire ! Je pleurais. »

L'adieu des chasseurs alpins à Varces

Le lendemain, la dépouille du soldat isérois est de retour au 7e bataillon de chasseurs alpins de Varces pour une cérémonie plus intime, loin des caméras. En ce jeudi après-midi du 30 septembre 2021, presque tout le bataillon a répondu présent. Ceux qui étaient en permission sont revenus pour rendre hommage à Max et pour entourer sa famille.

Le colonel Le Calvez, chef de corps du 7e BCA, a vu les choses en grand pour honorer celui qui, à titre posthume, est passé sergent. Maxime Blasco va avoir le droit au « carré chasseur », formé uniquement au moment des passations de pouvoir.

Le colonel a pris ses fonctions à l'été 2021, il connaissait peu Maxime Blasco, mais avait entendu parler de ses faits d'armes et des nombreuses médailles reçues, notamment celle de la Valeur militaire remise en juin par Emmanuel Macron. « Quand on a dans ses rangs un soldat au parcours opérationnel aussi exceptionnel, on fait un hommage à la hauteur du bonhomme ! » m'a expliqué quatre mois plus tard le chef de corps. Et ce jour-là, le « carré chasseur » a une sacrée gueule. Toutes les compagnies sont rassemblées autour du cercueil, elles l'entourent et le protègent. Comme cela s'est fait pendant la bataille de Sidi Brahim en 1845.

« Pour nous, la bataille de Sidi Brahim est le haut fait d'armes des chasseurs et faire ce carré autour d'un cercueil est une symbolique très forte, c'est ce qu'on voulait pour Maxime… Sa mort a d'une certaine façon soudé, voire galvanisé nos troupes. Mais quand je dis galvaniser, je veux être clair : pas dans le sens de la vengeance. Mon rôle, c'est d'accompagner les troupes pour qu'elles repartent au combat après une épreuve comme celle de la mort de Blasco… Un nom qui va rester ! »

Le colonel a rencontré la compagne, les parents et les sœurs de Maxime Blasco, deux jours plus tôt à Paris, au cercle des Armées, au milieu de la tourmente. Il a préféré leur laisser du temps avant de les revoir, être là pour gérer l'après avec eux. Quelques jours avant Noël, il s'est invité dans la famille Blasco pour un goûter, pour leur parler, pour les écouter aussi. Plus tard, le chef de corps a convié Alexandra, son fils et les parents de Maxime au bataillon pour qu'ils passent du temps avec ses frères d'armes.

« Ce n'est pas tant les informations qu'ils cherchent, c'est surtout de se sentir accompagnés. Se dire que quand son mari, ou son enfant, s'engage et qu'il appartient à la grande famille militaire, eh bien, ce ne sont pas que des paroles ! Pour nous, militaires, cela a vraiment un sens, quand on a son fils qui donne sa vie pour la France, c'est un devoir pour nous d'être là pour les proches. Il faut savoir que pendant toute notre carrière, c'est une chose à laquelle on se prépare. La mort fait partie de notre métier. Maintenant c'est sûr, quand on la côtoie, c'est autre chose… »

Le colonel Le Calvez a perdu l'un de ses hommes. Il sait de quoi il parle. Véronique et Jean-Marc ont été secoués par l'hommage des chasseurs alpins à Varces. C'est aussi le moment des funérailles, celui du départ inéluctable, le plus douloureux. Des jours de recueillement très forts en émotion, avant de se retrouver seuls, avec leur deuil.

« La colère arrive après, me confie Véronique, parce qu'on n'arrive pas accepter la mort d'un fils. J'en ai voulu à la terre entière, aux gens qui continuent à rire, ceux qui vaquent à leurs occupations, font leurs courses dans les magasins, à la vie qui continue sans lui. »

Parfois, la maman a juste envie de hurler.

Le Papa et le Soldat

Si le Soldat a été honoré comme il se doit pour ses faits d'armes, le Papa a été un peu oublié lors de ces cérémonies. Alexandra m'a raconté à plusieurs reprises que Max était un papa formidable pour Ethan, petit bonhomme de 8 ans, avec la tarte des chasseurs alpins sur la tête, marchant derrière le cercueil de son père dans la cour d'honneur des Invalides. Pour tous ceux qui étaient présents, c'est une image bouleversante et inoubliable.

Quels étaient les liens entre ce père, qui partait à la guerre, et son enfant ? Alexandra va me répondre avec une sincérité touchante. Les bons moments, et ceux plus difficiles, où il faut élever seule un fils parce que l'armée vous prend votre conjoint. Mais elle n'a jamais remis en cause le choix de Maxime.

Qu'a représenté la naissance d'Ethan dans la vie de Max ?

On a eu de la chance qu'il soit là, il était en permission. Et Ethan est né avec un peu d'avance, début juillet ! Au début, il était hyper impressionné et n'osait pas le toucher. Il disait : « Mon Dieu, mais il est tout petit, tout fragile. » Mais il s'en occupait très bien. Il lui donnait le bain. Comme j'allaitais, il n'avait pas besoin de se lever la nuit.

Raconte-moi quel père était Max avec Ethan.

Il était super, il était d'une infinie patience avec lui, alors qu'il n'est pas forcément patient de nature. Ça lui tenait à cœur de bien s'occuper d'Ethan même si cela n'a pas toujours été facile. Quand notre fils était tout petit, il faisait payer à Max ses absences ; dans ces moments-là son père se sentait rejeté et il le vivait mal.

Comment réagissait Ethan ? Il faisait la tête ? Il s'accrochait à toi ?

Quand Max arrivait, il lui sautait dans les bras, c'était l'amour fou ! Mais tout de suite après, il refusait que son papa s'occupe de lui. Par exemple, Max ne pouvait pas l'installer dans le siège auto, Ethan hurlait : « Je veux Maman, je veux Maman. » Pour tout, c'était non-stop Maman… Ça durait comme cela environ une semaine, un rejet total de son père, puis ça repartait comme avant. Max avait beaucoup de mal à vivre ce rejet, il partait bouder dans son coin. J'avais l'impression d'avoir deux enfants. Cette situation piquait son cœur de papa. Moi, j'ai toujours essayé d'arranger ces moments tendus entre père et fils. J'ai toujours laissé sa place à Max. Quand Ethan disait Maman, je lui disais que Maman ou Papa, c'était pareil… Et je poussais mon fils à aller vers son papa, parce que cela le rendait triste qu'Ethan me demande toujours tout. Je lui répétais que papa l'aimait plus que tout au monde.

Après le crash d'hélicoptère au Mali, le commando montagne va passer plus de temps chez lui. Il pose un peu son sac, sa musette, sa vie de combattant. Il se remet physiquement. Psychologiquement, il tient le choc. Une présence bénéfique pour sa relation avec son fils. Il retisse ce lien qu'ils avaient au départ, il passe beaucoup de temps à s'occuper d'Ethan. Quand il était bébé, Maxime l'emmenait en randonnée dans le porte-bébé pour monter au pic Saint-Michel en courant, avec le chien. Plus tard, il faisait des bonshommes et des batailles de boules de neige. Pendant ces quelques mois de répit, Maxime reprend toutes ces activités et accompagne son fils à chaque sortie scolaire. Il lui apprend à skier et à faire du vélo. Pour Alexandra, c'est une période de bonheur de voir ses hommes au diapason.

« Max était juste formidable avec notre enfant et pourtant, il avait peur parfois de ne pas être à la hauteur. Mais vraiment, il a toujours été présent pour son fils, même à des milliers de kilomètres. Ethan est aujourd'hui très fier de son papa, il sait maintenant qu'il aurait tout fait pour lui… Pour Max, son fils c'était sa petite merveille. »

Père et fils sont enfin complices. Ethan raconte à l'école qu'il ne faut pas l'embêter parce que son papa est fort et très musclé.

« Maxime, précise Alexandra, était passionné par son boulot, mais il donnait tout aussi pour sa famille. Celle qu'il s'était créée, c'est-à-dire tous les trois, ou même tous les quatre si l'on compte notre chien. Nous avions des parents qui ne voulaient pas de chien, donc au bout de la première année ensemble, nous avons d'un commun accord décidé de prendre un chien, un boxer. Max l'a appelé Cassius, comme Cassius Clay, le boxeur ! »

Max savoure cette relation père-fils. Ils se font des « repas-plaisir », c'est-à-dire tout ce que Max n'avait pas en mission : des sushis, des hamburgers et même des croque-monsieur assis par terre dans la chambre d'Ethan, à côté d'Annabelle le hamster, et des petits soldats de plomb. Les garçons regardent aussi des films, des dessins animés blottis sur le canapé. « À chaque fois, Papa s'endormait et ça nous faisait rire avec Maman ! » raconte Ethan les yeux rieurs.

« Finalement, ce n'était pas si difficile pour Max de reprendre sa place de conjoint, de papa, poursuit Alexandra. Pour moi, c'était comme s'il n'était jamais parti. Avec un enfant en bas âge, je ressentais le manque surtout le week-end quand il était en opex. Avec mon travail, mon fils et le chien, mes journées étaient très occupées. Son retour à la vie quotidienne avec nous me soulageait évidemment, mais c'était un bonheur. Je trouvais mon équilibre, un rythme de vie qui nous correspondait. »

Quand il rentrait de mission, il créait toujours cette bulle à quatre. Il mettait un point d'honneur à séparer sa vie professionnelle de sa vie privée. Ses amis commandos avaient beau l'appeler pour faire des sorties ensemble, il déclinait la plupart du temps pour se consacrer aux siens. Rattraper le temps perdu.

Alexandra, tu as quand même des amis de Max , commandos eux aussi, dont tu es proche ?

Je suis toujours très proche d'un des meilleurs amis de Max. Joris est venu à la cérémonie d'hommage aux Invalides, il était dans le carré famille avec moi. Max était l'un des garçons d'honneur à son mariage. Joris travaille aujourd'hui dans le civil. Il a quitté le groupement commando montagne après le crash d'hélico de Max. Mais ils sont toujours restés amis, ils s'appelaient souvent et jouaient à la console ensemble ! Pour Pâques, nous sommes invités chez lui du côté de Nice, avec Ethan. On a besoin d'être avec ceux qui ont connu et aimé Max !

Après le crash, Max passe presque un an loin de la guerre, mais c'est pour mieux repartir. Alexandra le sait, le sent, l'accepte. Leur vie depuis des années est faite de départs et de retours. Il a ça dans le sang : l'engagement, le besoin d'être utile, de servir son pays. À chaque départ, Alexandra accompagne Maxime à la caserne : « C'est non négociable ! » lui a-t-elle répondu quand il lui disait de ne pas venir, qu'elle allait pleurer. Il finissait ses sacs et partait avec tout son barda : un sur le dos, l'autre sur le ventre et sa musette à la main. Parfois quelque 40 kg à porter jusqu'au bus qui l'emmenait à Paris pour ensuite prendre le vol pour Niamey, au Niger, puis Gao, au Mali. « À chaque fois, relate Alexandra, c'était comme un au revoir. On lui disait : Prends soin de toi et reviens-nous vite ! »

Lors de son dernier retour, à 34 ans, Max commence à se poser la question de sa reconversion. Il sait qu'il ne pourra pas continuer éternellement à crapahuter sur les terrains de guerre. Sa bonne étoile l'accompagne depuis longtemps, il est peut-être temps d'envisager autre chose pour la suite.

« Un temps, il a envisagé une éventuelle reconversion dans la police, mais je lui ai dit qu'il ne serait pas heureux. Il avait vécu trop d'émotions fortes pour revenir dans du très classique. Moi je l'imaginais bien poursuivre dans quelque chose en lien avec le tir puisqu'il était passionné par ça. Je lui disais qu'il pourrait exercer comme instructeur. Cela n'aurait plus été de l'opérationnel pur, et cette reconversion aurait pu continuer à le faire vibrer. Mais il pensait qu'il n'était pas un bon pédagogue, alors il repoussait cette idée et continuait encore et toujours à partir à la guerre ! »

Maxime ne courait pas après une reconnaissance de ses pairs, puisqu'elle lui était acquise, mais il attendait davantage de sa hiérarchie. Après son crash, il avait d'ailleurs lancé au chef d'état-major de l'Armée de terre que c'était bien d'avoir reçu la médaille vermeille, mais il lui avait aussi demandé avec amertume « s'il fallait rentrer entre quatre planches pour obtenir la Légion d'honneur ! » précise Alexandra, laconique. Le fougueux commando pense à lui-même, mais pas seulement. Il imagine les simples soldats qui donnent tout et n'ont guère de reconnaissance. Fallait-il être un haut gradé pour mériter une distinction que des chanteurs ou des acteurs ont sans réaliser grand-chose d'autre que du divertissement pour le public ? Cet état d'esprit le mettait en rogne.

Quand je le vois le 14 juillet 2020, alors qu'il doit voler pour la première fois avec les deux pilotes qu'il a sauvés du crash, il est infiniment heureux de les retrouver, mais il ne cache pas sa colère contre l'institution. Pour cette histoire de « médaille en chocolat » qu'il a reçue des mains de Florence Parly, la ministre des Armées, il me raconte qu'il n'y est pas allé par quatre chemins, et qu'il lui a dit ce qu'il pensait. Quitte à choquer les officiers présents, notamment le chef d'état-major des Armées qui lui demande de rester à sa place. Mais la ministre écoute avec attention le caporal-chef Maxime Blasco en lui affirmant qu'elle va se renseigner sur cette histoire de médaille.

Sa sœur Justine, présente, se souvient de cet épisode : « L'année suivante, si Maxime a été décoré de cette médaille de la Valeur militaire, c'est grâce à la ministre des Armées qui avait parfaitement compris le désarroi de mon frère. Et comme il était un peu provoquant, en ce jour de juin 2021, quand il reçoit sa décoration des mains d'Emmanuel Macron, il a gardé sa "tarte" de chasseur alpin, refusant de porter un képi, comme il se doit pour ce genre d'honneur. » Le jour de la cérémonie d'hommage posthume aux Invalides, la ministre des Armées a confié, peinée, aux parents de Maxime, qu'elle avait prévu pour Maxime la remise de la Légion d'honneur en 2022, de son vivant. Il est mort avant !

Alexandra n'a pas de colère, elle n'a jamais voulu penser au pire, mais le pire est advenu. Elle ne voulait pas se ronger d'inquiétude à chaque mission, ni transmettre de l'angoisse à son homme.

« Dans son malheur, il est parti comme il aurait aimé, les armes à la main. Je n'en veux à personne, ce n'était pas comme dans un jeu vidéo, on n'a pas de seconde chance. Il était sur des théâtres de guerre. Et ce jour-là, l'ennemi a été plus rapide que lui. J'ai eu besoin d'en parler avec ses amis commandos Alexis et Max. Ils étaient très proches de lui. Eux aussi ressentent une perte immense ; différente de la mienne bien sûr, mais je les ai vus si malheureux… Quand ils sont venus me voir à leur retour du Mali, ces instants ont été très précieux pour moi. »

Après la mort de Maxime, Alexandra, sa compagne depuis 16 ans et mère de leur fils de 8 ans, a fait des démarches pour un mariage posthume.

Justine, la petite sœur

Dans la famille Blasco, je n'avais pas encore rencontré la petite sœur, Justine. Elle poursuit de brillantes études à l'université de la Sorbonne à Paris. Elle termine son master en Gestion des entreprises à l'international (GEAI).

Elle me reçoit chez elle, avec son fiancé Dorian, et leur petit chat, Pandore. Justine est ravissante, souriante, et je n'ose lui dire d'emblée combien sa ressemblance avec Maxime est une évidence, qui me surprend et me frappe.

J'ai en face de moi le sourire de Maxime, ses yeux pétillants, le même visage harmonieux. La version féminine de son frère, avec dix ans de moins.

Justine est petite comme sa maman, et comme Max. 1,60 m, me dit-elle, avant de reconnaître que sur son passeport est inscrit 1,59 m, mais bon, la dernière fois qu'elle s'est mesurée, c'était bien 1,60 m. De longs cheveux châtains sur un pull bleu ciel, assorti aux yeux de son chat, pas de maquillage. Justine illumine l'espace.

C'est fou ce que tu lui ressembles !

Tout le monde le dit. C'est vrai, tous les deux on ressemble à Maman, et Géraldine, c'est plutôt à Papa. Avec

Max on a une carnation plus dorée, notre sœur aînée plus rose et elle est blonde !

C'est drôle, cette ressemblance familiale par les couleurs, mais Justine a fait une licence de design, elle est passionnée de colorimétrie. Dès ses premiers mots pour raconter son grand frère, je sens combien elle l'aimait. Pendant deux heures, elle va me parler de lui, de leurs fous rires, de leurs engueulades. « Je voulais tout faire avec lui, tout faire comme lui. Quand il est rentré dans l'armée, je me suis même renseignée pour faire Saint-Cyr ! »

Est-ce que Maxime était complexé par sa petite taille ? 1,65 m, ce n'est pas bien grand pour un garçon…

Il n'était pas du tout complexé ; une fois il s'est fait emmerder au collège, mais c'était une boule d'énergie et le gars qui faisait 1,90 m, il a fini par lui mettre son poing dans la figure. Il compensait par son agilité, sa force, sa rapidité. Il faisait déjà de la boxe, et plus personne ne lui a fait de réflexions sur sa taille.

Justine appelait son frère « mini Hulk ». Quand il était au Mali, Maxime faisait beaucoup de musculation, pour avoir une condition plus robuste à cause du climat. Et puis, les médecins lui ont dit que c'était grâce à sa musculature qu'il avait été moins blessé que ses camarades après le crash d'hélicoptère. Et que c'était aussi grâce à sa condition physique qu'il avait eu la force de tirer les pilotes et de les hisser sur les patins du Tigre. « Il était toujours le plus petit sur les photos, ajoute Justine, mais avec ses longs cils de biche noirs, recourbés, et son regard charmeur, il était le plus beau. Mais je le charriais en lui disant d'arrêter ce côté bodybuilder! » Sportif mais plutôt solitaire selon sa sœur, Maxime privilégiait les sports individuels au détriment des sports collectifs. Il disait que, quand il perdait, c'était son échec, mais quand il gagnait, il voulait que cela soit sa victoire, pas celle des autres.

Qui t'a annoncé la mort de ton frère?

C'est Alexandra. C'était une journée horrible, je m'en souviens parfaitement. J'avais un cours de géopolitique sur le conflit au Sahel, donc sur le Mali, avec M. Daniel Arlaud, mon professeur. Je me souviens qu'il avait dit : « On s'en sort pas si mal au Mali car il y a moins d'une soixantaine de militaires français tués! » Le matin, avant de partir de chez moi, j'avais mis le parfum que Dorian m'avait offert : *Sì*, d'Armani. Mais vers 10 heures, à la Sorbonne, je me suis sentie très mal, j'avais envie de vomir. J'ai envoyé un message à Dorian en disant que je n'étais pas bien du tout, que c'était peut-être le parfum qui me rendait malade! À midi, je n'en pouvais plus et je suis allée m'allonger sur le sol dans les toilettes. Je ne voulais pas rentrer à la maison car j'avais un cours très important l'après-midi.

Justine se sent mieux et finit ses cours. Elle a donné rendez-vous à son fiancé dans un bar à République. Il fait beau, elle décide d'y aller à pied depuis la Sorbonne. Arrivée rue du Temple, dans le 3e arrondissement de Paris, elle reçoit un appel d'Alexandra, la compagne de Maxime. Sa belle-sœur ne l'appelle quasiment jamais. La dernière fois, c'était pour la prévenir que son frère avait eu un accident d'hélicoptère au Mali. Justine me raconte : « Là je me décompose, je décroche et elle me dit : "T'es où, tu es dehors?"

Je lui réponds que oui. Je lui demande s'il est arrivé quelque chose à Max. Mais très vite, je me dis que je suis égoïste de penser à mon frère, que peut-être Alexandra ou son fils ont un problème et je lui demande si tout le monde va bien, Max, elle et Ethan ? Elle me répond : "Non, ça ne va pas…", que Max est décédé ! »

Justine était en pleine rue, elle commence à bégayer, dit à Alexandra qu'elle doit la laisser. Elle fait une crise d'angoisse. Elle n'a presque plus de batterie dans son téléphone, mais elle appelle Dorian, paniquée, en lui répétant « qu'elle doit lui dire un truc »… Son fiancé, inquiet, lui demande de rester où elle est et lui dit qu'il va venir la chercher. Mais Justine, choquée, ne sait plus où elle est. Elle appelle sa mère en hurlant pour lui demander si c'est vrai ? Au téléphone, Véronique en larmes lui répond : « Oui, c'est vrai ! » Justine, anéantie, hurle dans la rue.

« Je continue à marcher vers République comme un robot, reprend Justine. Je voulais rentrer à la maison, je ne voulais plus être dans la rue. Les gens me regardaient comme si j'étais une folle. J'étais hystérique, j'étais en larmes, avec des sanglots. À République, je retrouve Dorian au moment où quelqu'un me dit : "Ça va aller, mademoiselle, il faut sourire un peu." Dorian lui répond : "Ferme ta gueule, ce n'est pas le moment…" Nous sommes fusionnels avec Dorian, quand l'un de nous ne va pas bien, l'autre ne va pas bien non plus. »

Tous les deux rentrent à la maison. Justine n'a plus de nouvelles et allume la télévision pour voir si les chaînes d'informations confirment la terrible nouvelle qu'elle se refuse encore à croire. L'annonce de la mort de Maxime Blasco est officielle vers 22 h 30 et Justine découvre le portrait de son frère sur fond de drapeau bleu, blanc, rouge. Sa première réaction a été d'envoyer un mail à son professeur de géopolitique qui minimisait les pertes au Mali : « Aujourd'hui, à 12 heures, lors de votre cours, vous nous avez dit que le nombre de soldats décédés au Mali lors de l'opération Barkhane s'élevait à 60. Mais vous aviez tort, monsieur, depuis midi, heure de votre cours, le nombre de soldats décédés s'élève à 52. Un dernier chiffre que j'espérais ne jamais avoir à compter. Signé : Justine Blasco. »

Réponse le lendemain du professeur : « Chère Justine, Vous avez bien sûr raison, ce qui compte ce sont les personnes, non les chiffres. J'ai appris cet événement tragique survenu hier dans la région de Gossi. C'est une perte douloureuse pour nous tous, mais si, comme je le crains, vous êtes liée à Maxime Blasco, croyez bien que je suis de tout cœur à vos côtés. Bien amicalement, Daniel Arlaud. »

Pour Justine, impossible de dormir après l'annonce de la mort de son frère. Dorian tente de lui changer les idées et l'emmène déjeuner sur les quais le lendemain. Impossible d'avaler quoi que ce soit. Ensuite, ils se rendent à une exposition photos, mais Justine ne lâche pas son téléphone, elle reçoit des centaines de messages. Quand elle me raconte ces 24 heures, les plus horribles de sa vie, Justine a le cœur bien lourd et les larmes au bord de ses longs cils. Mais elle s'efforce de garder le sourire pour raconter son frère. Elle a si peur qu'on l'oublie.

« Max, c'était le grand frère dont on rêve, c'était mon héros… Quand j'étais petite, il m'emmenait faire des tours de scooter, et après, de moto-cross. Il me faisait jouer également à GTA ! Il m'a appris à me battre, à me défendre. On se prenait la tête aussi, très souvent. Il me coupait le fil de mon yoyo, jetait mes poupées… Il a cassé la tête de ma Barbie préférée ! On se chamaillait beaucoup. C'est à mon frère que j'ai fait mon premier doigt d'honneur. Je ne savais pas trop ce que c'était et il m'a tordu le poignet, raconte-t-elle en riant. Plus tard, il me faisait venir chez lui quand j'étais adolescente pour regarder des films d'horreur. On se faisait des soirées sushis en regardant des films d'horreur… C'était trop bien. Après je dormais sur le canapé, avec le chien. »

Quel regard portes-tu sur son engagement dans l'armée ?

Quand il a fait les tests pour y entrer, j'étais en troisième, et quand il a rejoint l'armée, j'étais au lycée. Je n'y croyais pas, parce qu'il était finalement un loup solitaire ! Il avait sa bande de potes, mais je ne le voyais pas vivre en communauté, et encore moins accepter l'autorité. Je me suis trompée. L'armée a été bénéfique pour lui, ça l'a calmé, apaisé. Parce qu'il était très sanguin, il se battait facilement. Quant à ma mère qui s'est toujours beaucoup inquiétée, elle était terrorisée à l'idée que son fils parte à la guerre…

Tu penses que la vie militaire et les opex l'ont changé ?

Oui, je l'ai vu changer, se renfermer, s'endurcir. On était une fratrie avec beaucoup d'éclats de rires et des engueulades. Avec l'armée, il est devenu plus froid, plus distant. Ce n'était plus pareil, mais il y a trouvé sa place. Je le voyais moins en colère, moins révolté. Plus jeune, il a fait quelques conneries, mais cette période était révolue. Il s'est posé, il était bien encadré. Il a trouvé des personnes en qui avoir confiance et des gens qui le respectaient. C'était sa voie. Il était fait pour être tireur d'élite dans l'armée.

Comment vois-tu son évolution, sa carrière au sein des commandos montagne?

Maxime, c'était l'incarnation de la loyauté, il était prêt à mourir pour sauver un de ses potes. L'esprit chez les commandos est d'être particulièrement soudés. Il y a quelques mois, il a fait passer des tests à des militaires qui voulaient entrer chez les GCM et il m'a dit qu'il trouvait le niveau de certains trop bas. Il n'était pas content. Il n'en voulait pas. Il m'expliquait que sur le terrain, ce sont eux qui devraient assurer ses arrières et que s'il n'avait pas une confiance aveugle en eux, ce n'était pas possible. Il était prêt à mettre sa vie entre les mains de ses camarades et l'inverse était vrai aussi. Il avait conclu en me disant : « Tu vas jusqu'au bout de ton engagement, y compris sous le feu. »

Est-ce que tu as pensé au risque de la mort de ton frère?

Quand il y avait un mort au Mali, je m'interdisais de regarder la télé. Je ne pouvais pas savoir, je ne voulais pas penser aux risques. Je sais que mon frère avait un côté soldat de l'extrême, mais je me persuadais qu'il était invincible, immortel. Après son accident d'hélicoptère, je me suis dit que, finalement, il était faillible, comme tout le monde. Et après, je l'ai vu repartir pour le Mali…

Et que penses-tu du côté sacrifice ultime, du fait d'être prêt à mourir pour la France, à tomber pour la France… ? Ces mots-là te touchent? Qu'est-ce que tu ressentais? De la fierté?

Maxime avait un rapport à la mort qui était bien à lui. Il disait toujours qu'il ne pourrait pas vivre avec la maladie. Mon grand-père souffre d'Alzheimer et, ça aussi, ça le paniquait. Il disait : « Je préfère mourir en faisant quelque chose que j'aime que de mourir à petit feu. »

Et quand il évoquait la possibilité de mourir en mission, il disait : « Si je meurs sur le terrain, au moins je meurs au combat… Je tombe pour quelque chose que j'aime, pour une cause que j'aime ! » Maxime partait une fois par an en opex, parfois même deux fois.

Comment se passe le deuil six mois après sa disparition ?

Il y a encore des fois où je n'y crois pas. Mais il y a beaucoup de choses qui me rappellent son absence. À la maison, j'ai ses médailles, ses photos, sa plaque militaire… Des éléments qui me ramènent à la réalité. Parfois j'ai l'impression qu'il va rentrer. Et ces moments-là sont très difficiles, très douloureux. Heureusement, je suis bien entourée. Ma mère essaye de maintenir l'ambiance familiale, de réunir tout le monde… Le prochain repas de famille qu'on va faire tous ensemble, c'est à Pâques. Mais sans Maxime…

À l'été 2020, Justine s'est fiancée et, dans la foulée, avait demandé à Maxime et à sa sœur Géraldine d'être ses témoins de mariage. Repoussée à cause du Covid, la cérémonie n'a pas encore eu lieu et aujourd'hui, Justine n'a pas le cœur à organiser ce mariage prévu pour juin 2023. Dès qu'elle se remet sur la liste des invités, elle voit le nom de Maxime et ne supporte pas cette absence pour son union avec Dorian. Elle préfère attendre que la souffrance s'apaise.

Quand Justine a demandé à Max d'être son témoin, elle a vu les larmes lui monter aux yeux. Il était très touché. Il lui a répondu : « Oui, bien sûr, je serai honoré d'être ton témoin si tu veux. » Et juste après, pour l'embêter, elle lui a lancé : « Tu sais que ce sont les témoins qui s'occupent des alliances, ce sont eux qui les gardent avant la cérémonie. » Alors il a répondu : « Non, non, hors de question. S'il faut garder les alliances, alors tu trouves quelqu'un d'autre, j'aurais trop peur de les perdre… Ça va pas être possible ! » Justine a vu sa tête se décomposer, et après, ils ont tellement ri.

Qu'est-ce qui te rend le plus fière de ton frère ?

J'ai toujours été très fière de mon frère, depuis toute petite. Quand il a voulu devenir pâtissier, je voulais faire de la pâtisserie ; quand il est entré dans l'armée, je me suis renseignée sur les carrières militaires pour les femmes. Donc ça représente quelque chose de très fort pour moi. Mon frère, c'était un héros. Et il disait souvent : Je fais ça pour que mes sœurs soient libres, pour que les Français soient libres.

Justine a accepté de témoigner avec l'espoir que l'histoire de la vie de son frère intéresse des gens, et pas forcément que des militaires. Parce que Maxime était un fan d'*American sniper*, un gars comme tout le monde et comme personne. Un héros malgré lui, tireur d'élite, courageux, fiable, et tellement humble. Un sacré soldat ! Sa famille espère que la vie de Maxime trouvera une place dans le cœur des Français, qu'ils se souviendront de son sacrifice, qu'il n'est pas mort pour rien.

Parfois, Justine dit à sa mère que s'ils n'avaient pas été frères et sœurs, ils ne se seraient peut-être jamais rencontrés. Ils auraient évolué dans des mondes complètement différents. Mais avec la mort de Maxime, sa petite sœur me confie qu'il y a une part d'elle-même, immense, qui est partie avec lui.

L’absence, le deuil, l’Ukraine

Je pense souvent à la famille Blasco. D’abord, parce que depuis quelques mois, je suis entrée dans leur vie. C’est la mort de Max qui nous a réunis, c’est ce livre que j’écris. Jamais je n’aurais dû les connaître, j’aurais dû retrouver Maxime à Gao, lors d’une de ses opex et d’un reportage pour moi. Comme je le fais depuis tant d’années, à suivre des militaires en opérations. On en perd de vue certains, on en retrouve d’autres sur des théâtres de guerre.

Maxime Blasco fait partie de ces militaires que l’on a envie de revoir, avec qui on s’imagine boire une bière à Gao, à la popote, avec 50 degrés dehors, dans un rare moment de détente.

Lors d’un reportage au Mali en 2020, j’ai recroisé Nicolas, le pilote du Tigre qui s’était posé en pleine zone ennemie pour aller chercher les rescapés du crash d’hélicoptère, dont Maxime. Le témoignage de Nicolas m’avait beaucoup émue, tout comme celui de Maxime, quand ils s’étaient livrés à ces longs entretiens pour me raconter le crash de la Gazelle. On a dîné ensemble à l’ordinaire, leur cantine à Gao. On avait parlé de Max bien sûr, j’allais le rater à quelques jours près, m’avait dit Nicolas. Quand j’ai reparlé avec lui, c’était juste après l’annonce de la mort de Max. Le pilote de Tigre repartait deux semaines plus tard pour le Mali, le cœur lourd.

Le 10 février, je pars pour Kiev. Une mission de « stand-by », c'est-à-dire que la rédaction de France Télévisions maintient une présence permanente en Ukraine, eu égard à la tension qui ne cesse de monter. Mais il est possible que les rédacteurs en chef des JT de 13 heures et de 20 heures ne prennent pas tous les jours un reportage. Pour le journaliste, c'est un peu frustrant parce que, quelle que soit la situation, il y a toujours tant à dire sur un pays.

Mais à peine arrivée, les services de renseignement américains communiquent leurs informations : la Russie s'apprête à envahir l'Ukraine. Évidemment, il n'est plus question de stand-by pour moi. Je vais intervenir en direct tous les jours dans les journaux et la rédaction va diffuser de nombreux reportages que je réalise avec le JRI (journaliste reporter d'images) Christophe Kenck, et le monteur Ludovic Lavieille.

Le 24 février, la guerre éclate. Beaucoup n'y croyaient pas. Moi-même, je ne pensais pas ce scénario possible. J'imaginais les Américains trop alarmistes. Mais le fracas de la guerre arrive vite aux portes de Kiev. Les missiles touchent des zones résidentielles, la peur envahit les esprits, comme la Russie l'Ukraine. Je vais rester cinq semaines dans le pays pour témoigner, raconter cette page d'histoire.

Malgré cette actualité terrible en Ukraine, je pense à Alexandra, Ethan, Véronique, Jean-Marc, Géraldine, Le Grand Max, Alexis et les autres, dont la vie a été fracassée par la perte d'un compagnon, d'un fils, d'un ami très proche. Je les avais tous revus en janvier, à Varces, et je me demande comment ils vont, si leur peine s'amenuise, si le deuil a pu commencer après les phases inévitables de sidération, de déni, de colère. Tous ont accepté sans hésitation de me raconter

Maxime. Pour que l'homme qu'il était existe aux yeux de ceux qui n'ont pas eu la chance de le connaître.

J'enchaîne les tournages à Kiev et dans les faubourgs de la capitale. Je sais qu'en France, la population est sous le choc de cette guerre inattendue et inquiétante au cœur de l'Europe. Je reçois beaucoup de messages de soutien. Le 3 mars, je lis sur mon portable un sms des parents de Maxime : « Bonsoir Dorothée. Nous regardons tous les soirs le journal de France 2. Nous te voyons et pensons bien à toi et à ton équipe, et bien sûr à la population. C'est vraiment impensable ce qui se passe. Prenez soin de vous tous et tâchez, dans la mesure du possible, d'être prudents. Nous t'embrassons, Véronique et Jean-Marc. »

Je suis particulièrement touchée par leur message, celui d'une mère et d'un père dont le fils est mort dans un pays en guerre. Émue par l'empathie dont ils font preuve à mon égard. Dans leur esprit, le métier de Maxime et le mien – comme reporter de guerre – ont bien des points communs. En tant que journalistes, nous ne portons pas d'armes, nous n'avons pas le pouvoir de donner la mort, mais la possibilité d'être tués, ça oui ! Cinq confrères, américains et ukrainiens, ont été tués depuis le début de ce conflit.

Je repense aux mots de Maxime : « Ce métier est une passion, une drogue, l'adrénaline et l'envie d'être utile… » Un peu comme nous, reporters, qui n'y allons pas pour le danger, mais malgré le danger. Nous qui n'aimons pas la guerre, mais qui la racontons en prenant beaucoup de risques.

Je suis de retour à Paris le 17 mars. Un peu secouée par l'ampleur de la guerre en Ukraine, par la population terrorisée et par le courage des Ukrainiens qui résistent. On ne revient pas tout à fait indemne de ce genre de reportage. Mon cœur est encore à Kiev. En ce dimanche ensoleillé de printemps, je me promène au Jardin des plantes. Le silence et la douceur me surprennent presque après le froid et les explosions.

J'appelle Véronique Blasco pour la rassurer, lui dire que je suis de retour. Je demande des nouvelles de son mari, de ses filles. « Il y a encore des moments très difficiles, me dit-elle d'une petite voix. Nous devons aller aux Invalides le week-end prochain pour un hommage aux militaires tués et blessés, organisé par la CABAT. J'appréhende ce moment, je ne suis pas retournée dans la cour d'honneur des Invalides depuis la cérémonie d'hommage pour Maxime. »

La famille Blasco a fait le déplacement à Paris, Justine a rejoint ses parents et sa sœur, elle dormira à l'hôtel avec eux « parce qu'ils ne connaissent pas très bien Paris, m'explique-t-elle, c'est plus simple ».

Quand ils arrivent aux Invalides, Véronique, comme souvent, a peur de ne pas tenir le choc, mais elle est là, vaillante pour rendre hommage à son fils. Cinquante et une familles de militaires sont présentes. Certaines ont perdu un fils en opex, comme les Blasco, d'autres ont eu un proche blessé grièvement. Les histoires s'échangent, il y a beaucoup d'empathie, des larmes et des sourires.

Les enfants présents, dont Lucie, la fille de Géraldine et de Romuald, tiennent un ballon dans les mains pour l'envoyer vers le ciel. Mais la petite Lucie ne veut pas lâcher le sien avant d'avoir fini de parler à son tonton. Elle envoyait un message avec ce ballon.

Justine est mal à l'aise, elle ne parle à personne. Elle n'a pas envie d'échanger, elle voudrait être ailleurs.

« Je n'ai pas aimé cette ambiance presque festive, il y avait des histoires très différentes ; des morts pour la France mais aussi des militaires qui avaient eu un accident de voiture et je ne me sentais pas à ma place. Je ne veux pas être méchante, mais Maxime, c'est autre chose. Mon frère n'est pas décédé dans un accident, mais au Mali, pris pour cible parce que militaire de l'armée française. Pour moi, c'est un meurtre. »

En revanche, Justine est très émue par l'histoire du jeune brigadier Alexandre Martin. À 24 ans, il est le 53e militaire tombé pour la France au Mali. Il a été tué à Gao, le samedi 22 janvier 2022, par des tirs de mortiers sur cette base de l'opération Barkhane, au nord du Mali. Elle n'ose pas parler aux parents du jeune soldat décédé, mais elle les voit bouleversés, très mal et elle les comprend. Valérie, la maman du jeune brigadier, s'était confiée cinq jours après la mort de son fils sur BFMTV.

« On vit dans la peur, dans l'angoisse quand on est parent de militaire. Tous les jours, il peut arriver une catastrophe. On vit dans le quotidien des appels, dans l'attente de le voir. On compte les jours avant la date du retour. Et quand il est en France et basé dans sa caserne, on se dit qu'il va être un peu tranquille. L'opération Barkhane, il la voulait, c'était de l'adrénaline. C'était le combat, c'était tout ce qu'il aimait. Il m'a dit : "Maman, je pars au Mali, je vais revenir." Il devait se marier l'année prochaine. »

Jean-Marc et Véronique discutent avec quelques familles, partageant des bribes de vies envolées. Véronique a besoin de parler de Maxime, ça l'apaise un peu. Et elle sait écouter les autres.

« La CABAT a été formidable depuis la mort de Maxime, les militaires de cette cellule d'aide ont toujours été présents pour nous, avec beaucoup d'humanité. Nous sommes encore très bien entourés aujourd'hui, six mois après la disparition de notre fils. »

Alexandra n'est pas allée aux Invalides pour cette cérémonie d'hommages aux militaires blessés ou tués. Elle se referme un peu plus sur elle-même six mois après la mort de son compagnon.

« Je n'avais pas spécialement envie de me retrouver encore dans la tristesse. Je n'ai pas envie de voir des gens pleurer tout le temps. »

En revanche, elle trouve du réconfort dans des séminaires destinés aux veuves de guerre. Celle qui se dit solitaire et affirme voir de moins en moins de monde explique : « C'est complètement différent parce que ces veuves savent ce que je vis, ce que je traverse et du coup les échanges sont plus naturels, plus faciles, en fait ! Parler avec elles m'a fait un bien fou. »

La jeune maman a toujours ses amis et ses copines qui la soutiennent. Elle est entourée mais a le sentiment que certaines personnes, moins proches, ne la comprennent pas toujours très bien, ne savent pas comment l'aborder.

Parfois, Alexandra a l'impression d'être jugée. La pudeur l'empêche de se montrer à terre, alors, les mois passant, elle constate que certaines personnes ne viennent plus vers elle. Parce qu'elle ne réagit pas comme tout le monde. « Ils attendent de moi quelque chose que je suis incapable de leur donner ! Les veuves ont perçu chez moi ce que je ressens. Elles savent décoder facilement le chagrin et la tristesse de mon quotidien et de ma vie sans Max. Même s'il n'est plus là, j'ai besoin de parler de lui, parce qu'il a été toute ma vie pendant quinze ans. Avec Ethan, nous parlons beaucoup de son papa en disant qu'il aurait aimé faire ça, qu'il aurait dit ça... Il fait partie de notre quotidien. »

Alexandra, comment va Ethan ? Est-ce qu'il cache toujours ses sentiments ? Comment avance-t-il ?
Il va super bien ce petit bonhomme ! Il est très fort.

Tu l'as emmené voir un psychologue ? Tu m'avais parlé de ça en janvier.
Nous y sommes allés ce matin tous les deux pour la première fois parce qu'une amie m'a donné le contact de quelqu'un de très bien, qui m'a fait de la place dans son planning pour Ethan. Quand j'ai dit à mon fils : « On va aller voir une psychologue », il était inquiet. Il m'a demandé si elle allait me répéter ce qu'il allait lui dire. Je lui dis que non, pas du tout ! Et il m'a dit : « Ça va m'aider à me sentir mieux ? » Et je lui ai répondu que c'était certain, que c'était le but !

Donc tu sentais qu'il avait des choses à dire…
Oui, bien sûr, mais pas juste par rapport à la mort de son papa. Aussi par rapport à l'école, où il a un peu de mal avec les interactions sociales, et n'exprime pas son malaise avec les enseignants. En cours de musique, la professeure m'a dit qu'un jour, elle l'avait vu s'isoler, sans comprendre pourquoi. Ethan m'a expliqué que « c'était parce que son papa écoutait tout le temps de la musique ». Au début, j'avais demandé à l'école que les enfants n'abordent pas le sujet du décès de son père, qu'ils laissent Ethan en parler à son rythme. Ce n'était peut-être pas la bonne décision parce qu'à la récréation aussi, il peut s'isoler.

Est-ce qu'il te parle de la mort de son père ?
Il parle de son papa, mais il ne parle pas vraiment de ce qu'il ressent. Une fois, en sortant de l'école, il m'a dit qu'il

n'osait pas me dire qu'il était triste parce qu'il avait peur que je le dispute. Je lui ai répondu : « Mais pourquoi dis-tu cela, jamais je ne te disputerais pour ça ! » Je me disais, c'est horrible que mon fils pense cela de moi. Comment peut-il imaginer que moi, sa mère qui l'aime, je vais le disputer parce qu'il est triste ? Peut-être qu'il essaye de reproduire mon comportement car, moi non plus, je n'exprime pas facilement mes sentiments... Je pense que, des fois, il ne sait pas comment faire, il n'ose pas... Et la psychologue, en étant quelqu'un de l'extérieur, lui donnera peut-être les outils pour s'exprimer.

Tu as vu le Grand Max et Alexis ?

Moi je connaissais déjà Max et assez peu Alexis, que j'ai rencontré après le mariage d'un ancien commando en Corse. Depuis le décès de leur ami, tous les deux essayent de me soutenir.

Max m'a demandé s'il pouvait aller chercher Ethan à l'école de temps en temps. Ils passent des moments ensemble, vont se balader. Le Grand Max, du haut de son mètre quatre-vingt-huit, organise des activités sportives pour mon fils. Et quand ils ne se voient pas, ils s'envoient des messages.

Pour Alexis, qui est encore très jeune, je sais que la mort de Max a été très difficile à accepter. On prend chacun des nouvelles de l'autre...

Comment se passe ton deuil depuis notre dernière rencontre ? Je sais que tu es forte, mais comment as-tu vécu ces dernières semaines et ces derniers mois ?

Je ne te cache pas que ça a été un peu compliqué d'arriver aux six mois, cela m'a fait un choc ! Six mois sans voir

Maxime... Parfois, je regarde des vidéos de lui ou des reportages juste pour entendre sa voix. Parce que c'est sa voix que j'oublie petit à petit, et ça, c'est un sentiment absolument terrible. Ne plus le voir, et savoir qu'il n'est plus là, c'est si dur.

Est-ce que tu as changé de boulot comme tu souhaitais le faire ?

Bientôt, au mois de mai. Pour le moment, je suis toujours assistante dentaire, mais le mois prochain je vais prendre un poste d'agent de secrétariat à l'état-major à Varces. Avant le décès de Maxime, je ne savais pas que le ministère des Armées proposait au conjoint d'un ou une militaire décédé(e), un emploi en tant que civil de la Défense. J'ai fait toutes les démarches avec le ministère et on m'a proposé ce poste auprès d'un colonel. Poste que j'ai accepté. Dans un premier temps, je serai à l'état-major.

Ça veut dire que tu seras au 7e BCA physiquement, le bataillon de Maxime ?

Oui, tout à fait ! J'ai bien réfléchi à cela, mais pour moi c'est une évidence d'aller dans le même bataillon que Maxime, là où il a été heureux. Je vais bientôt récupérer mon badge ! Bien sûr, ce n'est pas pour le travail de mes rêves, mais je m'en fiche. C'est un choix que je fais pour mon fils, parce que c'est trop compliqué pour moi de tout gérer seule. On a besoin de calme et de stabilité, et je pourrai même télétravailler le mercredi. Ethan est ravi, il comprend qu'il verra plus sa maman... Je suis heureuse d'aller travailler pour le ministère des Armées. Je n'ai aucune rancœur vis-à-vis de l'armée par rapport à la mort de Max.

Où en es-tu de ta demande de mariage posthume ?

Je n'ai pas de nouvelles récentes. J'ai relancé la personne qui était avec le président Macron, quand je lui ai fait cette demande de mariage posthume. Il m'avait dit de le contacter s'il y avait un problème. Donc je lui ai envoyé un mail et il m'a répondu que la demande n'était pas encore arrivée jusqu'à lui. Il va se renseigner rapidement.

Je ne sais pas du tout où est mon dossier. Je l'ai envoyé en décembre. Un mois plus tard, le tribunal m'a relancée pour me demander tous les papiers nécessaires. Tout est parti le 20 janvier. Depuis, j'attends. Je sais que la démarche peut prendre jusqu'à un an, mais peut-être qu'avec la guerre en Ukraine et l'élection présidentielle, ma demande est mise un peu de côté. Pourtant, au niveau de l'Élysée, on m'avait dit que le jour où je ferai cette demande de mariage posthume, tout serait fait au plus vite.

Qu'est-ce que ça représente, pour toi, ce mariage alors que Maxime n'est plus là ?

Pour nous, c'était un projet commun ; nous étions fiancés depuis quelques années, mais nous n'avons jamais pris le temps d'organiser ce mariage… Et en fait, c'est juste pour que je porte son nom à lui et le même nom de famille que mon fils. Max vit toujours à travers mon fils, Ethan Blasco, et moi je veux qu'il vive aussi à travers moi, Alexandra Blasco. Il n'est plus là et choisir de porter son nom est, pour moi, une grande fierté. Me dire aussi que ma vie avec lui n'est pas finie… Je veux devenir sa femme, je ne compte pas refaire ma vie. Se marier, c'est l'aboutissement de ce qu'on avait prévu de faire, et c'est important pour moi de devenir légalement son épouse.

Tu vas faire quelque chose pour cette cérémonie ? Ou c'est juste pour obtenir les papiers...

Je ne sais pas encore ce que je vais faire. Ce n'est évidemment pas un mariage comme les autres. C'est compliqué de se dire que je serai seule pour cette union. J'ai pensé peut-être faire un repas avec les personnes qui m'ont fait des attestations, parce que c'est grâce à leurs témoignages que je vais obtenir l'accord pour me marier de façon posthume. Sans ces témoignages, pas de mariage !

Le mariage posthume a été créé en 1803, par Napoléon, pour les veuves de guerre. Il a été forcément très sollicité après l'hécatombe de la guerre de 1914-1918 et lors de la Seconde Guerre mondiale, puis a été rendu possible pour les décès civils dans les années 1960. Après la rupture du barrage de Malpasset, près de Fréjus, qui a fait plus de 400 victimes, c'est Yvonne de Gaulle qui a fait pression sur le Général pour permettre l'application du mariage posthume aux conjoints de victimes civiles. Quoi qu'il en soit, cette procédure reste compliquée et « exceptionnelle ». Elle reste soumise, par tradition, à l'autorisation du président de la République.

Alexandra en a fait la demande à Emmanuel Macron, lors de l'hommage national aux Invalides. Pour elle, il s'agit d'un acte « symbolique... Pour honorer sa mémoire » et porter le nom de Max, et de son fils, Ethan. Pour obtenir ce mariage, le consentement de Max, absent, est indispensable. Même si l'épouse à titre posthume ne devient pas pour autant l'héritière légale de son époux ni ne bénéficiera d'un quelconque régime matrimonial qui pourrait lui être favorable. Il appartient donc à Alexandra de présenter les témoignages de son entourage permettant d'accréditer l'intention de Max, le père de son fils, de se marier. « C'est un désir que l'on avait ensemble », affirme-t-elle.

Alexandra a envoyé son dossier pour un mariage posthume dès le 20 décembre 2021. La loi prévoit que c'est la date du décès, en l'occurrence le 24 septembre 2021, qui sera la date du mariage, quand toutes les conditions seront remplies et que l'autorisation du président de la République sera actée par décret. Alors, Alexandra sera considérée comme mariée, de façon rétroactive, puis immédiatement après, officiellement, elle deviendra la veuve de Maxime Blasco.

Les GCM continuent le combat

Le dimanche 10 avril 2022, c'est jour d'élection. Il fait soleil sur la France, presque sept mois ont passé depuis la mort en opération du désormais sergent Maxime Blasco. J'envoie un message au Grand Max et à Alex, ses copains du groupement commando montagne, pour savoir comment ils vont. Est-ce qu'ils continuent les opérations ? Sont-ils au Mali ou en France ? Ont-ils toujours le cœur gros ? Comment avancent-ils dans leur métier ? Toujours avec la même passion ? La peur a-t-elle pris le dessus ?

Le Grand Max me répond tout de suite, il vient de rentrer d'un stage de six semaines à Chamonix. Il m'écrit qu'il est un peu claqué mais que, bien sûr, il est d'accord pour me parler de Max. Alex, lui, me propose qu'on se rappelle demain. Il est en plein barbecue avec ses potes du GCM. Je suis contente que la vie continue.

« C'est le dernier stage qu'on doit suivre en tant que commando montagne pour devenir ensuite chef de section, et pouvoir emmener une section entière en montagne, m'explique le Grand Max. J'avais le niveau précédent et maintenant c'est bon, je suis chef de section haute montagne. Je pourrai dans l'avenir prendre un groupe et partir avec une section autonome ! On a fêté ça en rentrant avec Alex, en se disant que le Petit Max n'en reviendrait pas, parce qu'il disait toujours que la montagne et moi, ce n'était pas toujours ça ! »

Il faut dire que la formation est rude. Les commandos ont aussi des stages de survie en montagne où il faut construire des igloos, dormir par des températures glaciales, et apprendre à gérer le stress et la fatigue. Autant d'entraînements qui permettent l'aguerrissement et la condition optimale en opération. Pour le Grand Max qui est aujourd'hui sergent, la prochaine étape sera cet été. Un autre stage en montagne avec des passages de crêtes et de l'escalade de haut niveau. L'année prochaine, il passera la deuxième partie du cursus de sous-officier. Trois mois en formation à Draguignan pour le module externe, puis une formation commando dans sa section pour passer chef de groupe. Un poste à responsabilité juste en dessous de celui qu'avait le capitaine Xavier qui était chef de section au Mali lors de l'opération où Max a trouvé la mort.

Le Grand Max va bien, mais il reconnaît que la date des six mois de la perte de son ami a été difficile : « On a tous eu un coup de mou et je redoute les 1 an de sa mort. De toute façon, on y pense tout le temps. Max est toujours dans notre esprit. On parle souvent de lui ! Mais c'est la vie, on doit avancer et c'est ce que Max aurait voulu ! Je me dis toujours que je dois être aussi fort que lui. »

Le commando voit Ethan, le fils de Max, régulièrement. Il l'emmène se promener. La dernière fois, ils sont allés à « Jardiland » voir les plantes carnivores. Il va aussi souvent le chercher à la sortie de l'école. Le Grand Max et l'enfant apprennent à se connaître. Ils parlent de la vie, et aussi de la mort de son papa. Ethan se livre de plus en plus…

C'est toi qui as eu l'idée de te rapprocher du fils de Max?

Si j'avais eu un gosse, je pense que Max aurait fait pareil. Ethan, c'est le fils de mon pote et il est normal pour moi de prendre soin de lui. Et je suis content aussi de le sortir de ses jeux vidéo. La dernière fois, on a acheté un bouquet de fleurs pour Alexandra. Ethan était ravi et il m'a dit : « Comme Papa n'est plus là, il faudra que tu m'aides à trouver un cadeau pour la fête des mères ! »

Max n'a pas de nouvelle opex en prévision pour l'instant. Au Mali, la France ferme les dernières bases de Gao, Gossi et Ménaka, sous la pression de la junte malienne. Une décision politique qu'il n'a pas le droit de commenter, mais je sens une déception, une tristesse par rapport aux Français morts pour la France au Mali. « On a fait du bon boulot là-bas, on a aidé la population, dit-il, on a réduit la menace ! » Beaucoup craignent le retour des djihadistes combattus depuis 2013. Comme tous les militaires, Max suit l'évolution de la guerre en Ukraine. « On fait la guerre depuis longtemps. Les Français ont une grosse expérience acquise récemment en Afghanistan ou au Mali. Et si un jour la France était directement menacée, on sera à la hauteur pour repousser l'ennemi ! »

Cinquante-trois soldats français sont morts au Mali, le 52e était son ami. Max est passé voir le monument aux morts à Varces. Il a vu pour la première fois le nom de Maxime Blasco inscrit dans le marbre. Pour le livre, il m'a confié des photos d'eux, le Grand et le Petit Max, une histoire d'amitié entre deux commandos. Une belle histoire, qu'il ne veut jamais oublier.

Alex est au bataillon en ce lundi 11 avril. Un peu fébrile parce que, dans une demi-heure, il va revoir les parents de Maxime. Les commandos les ont déjà rencontrés plusieurs fois depuis la mort de Max. La première fois, c'était à leur retour de mission du Mali, trois mois après le drame. Ils avaient répondu aux questions de Véronique qui attendait ce moment depuis longtemps. Ils avaient parlé aussi avec Jean-Marc. Une rencontre bouleversante, pour tous.

« Ils sont déjà venus au bataillon, explique Alex, pour voir la vitrine que nous avons montée dans le couloir de notre commandant d'unité. Nous y avons mis beaucoup d'effets personnels de Max. Son casque, mais aussi la huitième cartouche qui était encore dans la chambre de son fusil, celle qu'il n'a pas eu le temps de tirer. À côté de ça, nous avons déposé ses citations, ses médailles. Et aujourd'hui, ce sont des jeunes qui viennent d'intégrer le bataillon et leur section portera le nom de Maxime Blasco. Jean-Marc et Véronique Blasco vont découvrir le fanion et les gars de la section. »

Ces dernières semaines, Alex a alterné les raids en montagne et encadré ceux qui suivent la formation pour devenir commando montagne. Un groupe de quarante militaires qui ont déjà passé des tests et qu'il a coachés au « centre d'entraînement au combat urbain », une étape dans un cursus très exigeant. Dans la formation précédente, basée sur du combat classique avec des modules de tirs, onze stagiaires ont été écartés. Pendant le deuxième module où Alex était encadrant, trois autres n'ont pas été gardés. La sélection est rude. Mais les missions sur le terrain en opex sont souvent en première ligne et la force, la compétence et l'esprit d'équipe sont les assurances-vie des commandos en opération. Blasco déplorait parfois le niveau pas suffisamment élevé de certains candidats qui voulaient intégrer le GCM. Alex reconnaît un niveau requis très élevé, mais « sur le niveau que j'ai encadré, précise-t-il, le niveau n'a pas baissé. Nous avons été pédago et progressifs. On leur a fait une bonne formation ! Et on se doit d'être élitiste parce que nous n'avons pas le droit à l'erreur ; la moindre connerie peut être fatale ».

Le caporal-chef Alex n'a pas choisi le cursus de sous-officier que suit le Grand Max. Mais ils sont toujours aussi proches, soudés à jamais par la mort de Maxime. Pas facile de parler du copain disparu. Dans la conversation avec Alex, je sens l'émotion, intacte. « Pour les six mois de la mort de Max, dans ma chambre à la caserne, j'ai mis une photo de lui et au-dessus un drapeau français. J'ai aussi ses patchs commandos. J'ai allumé une petite bougie et j'ai ouvert une bouteille de whisky pour boire un coup avec lui. Après, j'ai un copain qui m'a rejoint pour trinquer ensemble à Max… »

Blasco est bien présent dans la mémoire de ses camarades, mais ils n'ont aucun doute sur la poursuite de leur métier. « Les questions, moi je me les suis posées juste après sa mort, reconnaît Alex. Et au bout de quelques jours de doutes, de pensées morbides, exacerbées par la fatigue immense après des nuits et des nuits sans dormir, j'ai repris l'équipement. Et quand j'étais en tenue, le flingue à la main, j'ai su que j'allais repartir, continuer la mission et poursuivre le combat ! »

Avec le retrait des militaires français du Mali, et la fermeture des bases qu'ils ont arpentées lors de plusieurs opex, Alex ressent un goût amer. « On est prêts à partir ailleurs, pour quelle mission, sous quel format, je ne sais pas. Peut-être qu'on va se reconcentrer sur du Renseignement. On sait parfaitement creuser des trous pour nous cacher plusieurs jours et plusieurs nuits, être invisibles et prendre des photos… Peut-être aussi qu'on aura encore des missions de combats comme au Mali. Ce qui est sûr, c'est que l'action c'est notre ADN ! »

Comme le Grand Max, tu vas voir Ethan, le fils de Maxime ?

Oui, bien sûr. On va aller le chercher à la sortie de l'école tous les deux dans quelques jours. Je pense qu'on l'emmènera manger une crêpe, et le soir, on ira peut-être dîner tous les quatre avec Alexandra, sa maman.

Qu'est-ce qui te motive ?

Max, c'était notre ami. Il va falloir qu'Ethan se fasse à notre présence dans sa vie, parce qu'il va nous avoir un bon moment sur le dos… On est un peu ses « tontons commandos ».

Pour Maxime Blasco, l'une des figures tutélaires du groupement commando montagne, est incarnée par Patrice, Pat sur le terrain. Il était le chef des GCM lors de cette nuit d'enfer du 13 juin 2019 au Mali. Il fait partie de ces leaders charismatiques, que les hommes suivent sans l'ombre d'une hésitation. Avec lui, le groupement a entendu siffler bien des balles, avec ce bruit si particulier quand elles ne passent pas loin des oreilles. De ces tirs qui, comme ils disent, « ne sont pas passés loin » !

Sept mois après la mort de Max, je suis heureuse de lui parler, de prendre de ses nouvelles. Le capitaine sait être cash, franc et sympathique. Il ne craint pas de dire un mot de travers, il n'a pas besoin d'« éléments de langage » glissés par un officier de communication. Échanger avec lui est instructif et plaisant. « Je ne suis plus au GCM, m'explique Patrice avec une pointe de regret dans la voix. Je suis un stage de trois mois à Draguignan pour ensuite prendre le commandement pendant deux ans d'une compagnie. » La suite logique d'un cursus militaire qui va l'éloigner un temps de la première ligne où il a combattu, si souvent.

Le caporal-chef Maxime Blasco était l'un de ses hommes en 2019, au moment du crash de la Gazelle. En septembre 2021, au moment où Maxime décède, Pat était à nouveau en opex au Mali. Pas pour une mission commando, mais en tant qu'officier de renseignement « avec une souris et un ordinateur », me dit-il avec ironie. Même si sa mission était différente, Pat gardait toujours un œil sur ses mecs, comme il les appelle.

Le 24 septembre, on vient le trouver dans son bureau à Gao pour lui dire : « Il y a eu contact pour les commandos et il y a un blessé “alpha”. En clair, il y a eu des échanges de tirs et un des commandos est grièvement blessé, mais il ne sait pas qui. Pat va alors voir Sylvain, le chef du groupement. Quand le capitaine me raconte la scène, il est encore ému : « Quand j'entre au CO, Sylvain me regarde et me dit “Max est mort...” J'en ai encore des frissons ! » Pat va aller voir le corps de Max dans l'hélicoptère sanitaire qui le ramène de la zone de combat : « Je monte dans l'hélicoptère et là, je sais que c'est lui... C'est dur, mais j'avais besoin de le voir et de le toucher. Je suis le seul à avoir pu monter dans la machine. »

En 2019, Pat a ramené Max en vie, après son crash d'hélico, et tout le groupement a eu le sentiment que Blasco était immortel. « Je me dis que c'est surréaliste, que finalement le sort s'est acharné contre lui. Mais je me dis aussi qu'il est mort comme un commando, dans un combat d'homme à homme. Le mec d'en face a été meilleur que Max à l'instant T, et l'un de mes hommes l'a payé de sa vie. »

Aujourd'hui, pas de haine, ni de colère du côté de Pat. Pas non plus de sentiment d'injustice. Juste une immense tristesse : « C'est ultra dur de perdre un pote, mais il a fait le job ! »

Quel souvenir garderas-tu de Maxime ?

Je n'oublierai jamais le moment où je l'ai récupéré après le crash de la Gazelle. Le Tigre l'a déposé sur notre position, il ne tenait plus debout, on le soutenait et on lui disait : « Max, c'est dingue ce que tu as fait, tu es un p… de héros ! » Et il disait : « Mais arrêtez un peu, tout le monde aurait fait ça ! » Il voulait juste fumer une clope avant qu'on l'évacue dans l'hélicoptère sanitaire. Et moi je lui répondais : « Max, tu as la colonne en vrac, tu ne te rends pas compte de ce que tu as fait, t'es un sacré héros et toi tu veux juste ta clope ! » Il était tellement nature. Nous, on le regardait comme un héros national !

En quoi, pour toi, il était un soldat d'élite ?

Max n'appartenait pas aux forces spéciales, mais pour moi il était un soldat d'élite parce que son moral et son esprit étaient d'élite. Ce n'est pas le job que tu fais qui fait de toi un soldat d'élite, c'est le cœur que tu y mets. Et je pense sincèrement qu'il était un soldat exceptionnel. Des mecs comme ça, il ne faut jamais les oublier…

Pardon Maxime, d'avoir raconté ta famille, tes amis, ta vie, ton histoire…

J'ai un peu fait offense à ton humilité et à ta pudeur,
mais tu es parti avec les honneurs que tu mérites.
Avec tout mon respect,

Dorothée,
De janvier à avril 2022,
à Paris, Nantes, Kiev et Avrilmont.

Remerciements

Merci infiniment à la famille de Maxime Blasco qui, en plein deuil, a accepté de me raconter la vie d'un compagnon, d'un fils et d'un frère.

À Alexandra et Ethan ; à Jean-Marc et Véronique ; à Géraldine et Justine, merci pour votre confiance.

Merci à ses frères d'armes pour leurs témoignages avant et après le décès de Maxime.

À ses amis, le Grand Max, Alexis ; ses chefs Sylvain, Xavier, Pat, son chef de corps le colonel Erwan Le Calvez ; ses camarades de l'équipage Gazelle Kevin et Adrien ; ceux de l'équipage Tigre, Paco et Nicolas.

Merci au colonel Pascal Ianni de l'EMA COM, le communiquant de l'état-major des armées qui a autorisé les rencontres avec tous ces militaires et a donné le feu vert pour que je puisse avoir connaissance de tous les détails des opérations.

Merci au capitaine Dominique Marceau de l'ALAT, sans qui je n'aurais jamais rencontré Max.

Sincères remerciements également pour leur aide et leur engagement sur le terrain.

Ils honorent encore aujourd'hui la mémoire de Maxime Blasco :

– 7e bataillon de chasseurs alpins de Varces.
– Groupement commando montagne.
– Aviation légère de l'armée de terre.
– 3e régiment d'hélicoptères de combat d'Etain.
– 5e régiment d'hélicoptères de combat de Pau.

Merci à la formidable équipe du *13 h 15* qui a porté avec moi ce documentaire « Nuit d'enfer » : Laurent Delahousse, Jean-Michel Carpentier, Agnès Gardet, Rémy Deleval. Je les remercie également de m'avoir permis de reproduire dans ce livre l'intégralité de mon entretien avec Maxime et de raconter les coulisses de ce documentaire.

Merci à Vincent Fichmann pour cette belle mise en images de l'histoire de Maxime et de ses camarades et à Oktay Sengul pour le montage.

Merci à mon éditeur, Arnaud Le Guern, qui a eu l'idée de mettre en avant l'histoire de Maxime Blasco et qui m'a fait confiance pour le faire.

Merci à Philippe, Félix et Castille qui ont vécu avec angoisse mes semaines de reportage en Ukraine, et suivi avec intérêt l'écriture de ce livre sur Maxime Blasco.

Et enfin, un immense merci à Madie Magimel, ma première lectrice et correctrice.

Merci pour vos retours : dorothee.ollieric@gmail.com

Table

Imprimé en France par
CPI Bussière
en juin 2022
N° d'impression : 2066210
Dépôt légal : septembre 2022